Gute-Nacht-Geschichten

Gute-Nacht-Geschichten zum Vorlesen

Anne-Marie Dalmais

Illustrationen von Annie Bonhomme

Die Deutsche Bibliothek – CIP-Einheitsaufnahme

Gute-Nacht-Geschichten zum Vorlesen / Anne-Marie Dalmais.
Ill. von Annie Bonhomme. [Übers.: Susanne Vogel]. –München :
F. Schneider, 1995
    Einheitssacht.: Le ore della notte <dt.>
    ISBN 3-505-09679-2
NE: Dalmais, Anne-Marie; Bonhomme, Annie; Vogel, Susanne
    [Übers.]; EST

© 1994 (1987) für die deutsche Ausgabe by Franz Schneider Verlag GmbH
Schleißheimer Straße 267, 80809 München
Alle Rechte dieser Ausgabe vorbehalten
Übersetzung: Susanne Vogel, München
Originaltitel: LE ORE DELLA NOTTE
© 1986 Arnoldo Mondadori Editore S.p.A., Milano
Idee, Layout und Text: Anne-Marie Dalmais
Illustrationen: Annie Bonhomme
Umschlaggestaltung: Angelika Bachmann, München
Lektorat/Redaktion: Stefanie Besser
Herstellung: Manfred Prochnow
ISBN: 3-505-09679-2
Bestell-Nr.:9679
Druck und Einband: Artes Gráficas, S.A.
Toledo, Spanien
D.L.TO:1159-1994

INHALT

Einleitung   6

ABEND

7 Uhr ☆ Die rätselhafte Verspätung
            des Herrn Sauerklee   9
8 Uhr ☆ Alles Gute zum Geburtstag, Flori!   25
9 Uhr ☆ Mißtöne bei der Chorprobe   41
10 Uhr ☆ Eine abenteuerliche Reise   57
11 Uhr ☆ Das Mitbringsel   73
12 Uhr ☆ Besuch um Mitternacht   89

NACHT

1 Uhr ☆ Wer findet die Nadeln
            von Herrn Nähnachmaß?   105
2 Uhr ☆ Frau Pimpernell auf Schatzsuche   121
3 Uhr ☆ Schritte in der Nacht   137
4 Uhr ☆ Eine Posaune und eine Klarinette...   153
5 Uhr ☆ Willkommen an Bord, Stups!   169
6 Uhr ☆ Die Sonntagsbäckerei   185

Einleitung

Die Dunkelheit senkt sich über Möhrenfeld. Es ist eine feuchte, neblige Herbstnacht.

Die Einwohner des Städtchens beeilen sich, in ihre warmen, behaglichen Häuschen zurückzukehren, um einen gemütlichen Abend zu verbringen...

Normalerweise ist die Nacht ja zum Schlafen da. Die Stunden vergehen wie im Flug. Man bettet seinen Kopf auf das weiche Kissen, und wie durch Zauber – gute Nacht! guten Morgen! – ist der neue Tag schon da.

Heute aber ist alles ganz anders als sonst! Unvorhergesehene Ereignisse stören die gewohnte Ruhe, verzwickte oder auch komische Begebenheiten rauben den Einwohnern von Möhrenfeld ihren wohlverdienten Schlaf.

Warum spielt der Polizist Samuel Spürnase um elf Uhr abends auf seiner Trommel? Wer sind die geheimnisvollen Besucher, die mitten in der Nacht an die Tür der Familie Löwenzahn klopfen? Ist in dem Geheimfach, das Frau Pimpernell entdeckt, vielleicht sogar ein echter Schatz? Was erlebt das Ziegenkind Stups im schrecklichsten Traum seines Lebens?

Zu jeder Stunde dieser denkwürdigen Nacht spielt sich in dem sonst so verschlafenen Städtchen eine abenteuerliche Geschichte ab.

Zwölf Erzählungen, die zum Lesen und Träumen einladen...

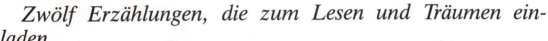

Die rätselhafte Verspätung des Herrn Sauerklee

Die Abenddämmerung legte sich allmählich über die Häuser und Gärten des Städtchens Möhrenfeld. Ein dichter Herbstnebel umhüllte alles wie eine weiche, weiße Wattewolke.

Der gelbe Schein der Laternen vermochte die Bürgersteige der Hauptstraße kaum zu erleuchten, und die Bewohner des Städtchens beeilten sich, nach Hause zu kommen, denn die Nacht stand vor der Tür. Sieben Schläge dröhnten aus der Pendeluhr im Postamt: es war Zeit zu schließen, und Stella Stempel, die gewissenhafte Postmeisterin, wollte soeben die Lampen löschen.

Plötzlich öffnete sich die Tür, und auf der Schwelle stand, atemlos und aufgeregt, eine letzte Kundin: Frau Sauerklee.

Doch die sonst so zurückhaltende und ruhige Häsin war wie ausgewechselt! Sie zitterte wie Espenlaub, murmelte unverständliches Zeug und rang die Pfoten; ihre Schleife, die sie als Schmuck am Ohr trug, war verrutscht. In der Eile hatte sie nicht einmal ihre Schürze ausgezogen und sich nur schnell ein warmes Tuch um die Schultern gelegt.

„Haben Sie vielleicht eine Nachricht erhalten, eine Nachricht von meinem Mann?" sprudelte es aus ihr heraus.

„Ich? Nein, wieso?" erkundigte sich Frau Stempel, die Katze, interessiert.

„Weil er zu spät dran ist, viel zu spät!" jammerte die Häsin ganz durcheinander. „Wissen Sie, ich habe kein Telefon", erklärte Frau Sauerklee weiter. „Und deshalb dachte ich, mein Mann hätte bestimmt beim Postamt angerufen, um mich zu benachrichtigen."

„Es tut mir leid, aber niemand hat angerufen", antwortete die Katze.

„Oh, wie schrecklich!" klagte die unglückliche Häsin und wischte sich mit dem Zipfel ihrer Schürze, die über und über mit Kleeblättern bestickt war, eine Träne aus dem Auge. „Ich mache mir solche Sorgen! Er ist mit unserem Sohn Potz in die Stadt gefahren, um eine Kiste für das Werkzeug zu kaufen. Sie wollten zum Kaffee um vier Uhr zurück sein..."

„Na ja, bestimmt ist ihnen etwas dazwischengekommen. Es tut mir leid, aber ich muß jetzt wirklich das Postamt schließen."

„Sicher, ich weiß. Ich danke Ihnen, Frau Stempel. Bestimmt haben Sie recht", murmelte die Häsin und strich dabei nervös über die Fransen ihres Tuches.

Nachdem sie alle Lampen gelöscht hatte, sperrte die Postmeisterin die Tür zu, verabschiedete sich von Frau Sauerklee, stieg auf ihr Fahrrad und radelte davon. Noch kurz war das Rücklicht zu sehen, dann verschwand sie im Dunkel der Nacht.

Die arme Frau Sauerklee machte sich auf den Heimweg. Der Nebel war noch dichter geworden, und in der Luft lag der Geruch von welkem Laub, feuchter Erde und Rauch – Rauch, der von all den knisternden Herdfeuern aufstieg, an denen zu dieser Stunde alle Familien des Städtchens zusammensaßen, um in ihren behaglichen und hellerleuchteten Häusern die Wärme und Geborgenheit zu genießen.

Die Häsin schauerte vor Kälte. Als sie an der Bäckerei vorbeikam, schloß die Frau des Bäckermeisters Goldbrot gerade ihren Laden zu und ließ den blauen Vorhang herunter, der in der Mitte mit einem schönen Büschel goldener Ähren verziert war.

„Wo kommen Sie denn her, Frau Sauerklee?" rief die Bärin ihr fröhlich entgegen. „Warum sind Sie so spät noch unterwegs?" Als die Häsin nicht antwortete, fuhr Frau Goldbrot fort: „Das machen Sie doch sonst nicht... Und es ist auch nicht gut, bei diesem Wetter spazierenzugehen! Sollten Sie nicht zu Hause sein, um das Abendessen vorzubereiten?"

Die gute Laune der Bäckersfrau machte die Häsin nur noch verzweifelter. Nur zu gut wußte die Ärmste, daß sie normalerweise jeden Abend um halb acht eine große Schüssel voll

heißer, köstlicher Suppe für ihren Mann und ihr Hasenkind auf den Tisch stellte.

Unter Seufzen und Kopfschütteln erzählte Frau Sauerklee der Bärin von ihren Sorgen.

„Aber regen Sie sich doch nicht so auf!" antwortete Frau Goldbrot ganz ruhig. „Kann es nicht sein, daß die Straße wegen einer Baustelle gesperrt war? Es gibt doch viele Gründe, weshalb man zu spät kommen kann, nicht wahr?" Da Frau Sauerklee noch immer am ganzen Leib zitterte, fuhr die Bärin fort: „Was soll ich denn sagen, wo mein Mann nie zu einem festen Zeitpunkt von seinen Lieferfahrten heimkommt!... Und wenn Herr Sauerklee nun zurückgekehrt ist, und Sie sind nicht zu Hause? Dann macht er sich Sorgen. Hören Sie auf mich, und gehen Sie sofort heim! Auf Wiedersehen, Frau Sauerklee!"

Statt diesen klugen Rat zu befolgen, wagte sich die Häsin ohne einen bestimmten Grund vor zum Marktplatz. Und „wagen" war hier genau das richtige Wort, denn bei dem außergewöhnlich starken Nebel an diesem Abend war es ziemlich gefährlich, in schlechtbeleuchteten Gegenden herumzulaufen. Außerdem war Frau Sauerklee so sehr in Sorge, daß sie nicht darauf achtete, was um sie herum auf der Straße geschah. Und tatsächlich fehlte nicht viel, und Herr Nähnachmaß, der gerade mit seinem blauen Kabriolett auf dem Heimweg war, hätte die arme Frau umgefahren.

„Achtung!" rief der Schneider von Möhrenfeld. „Ach, Sie sind es, Frau Sauerklee? Sie haben mir einen Riesenschrekken eingejagt! Man muß erst schauen, bevor man die Straße überquert. Sie haben sich doch nicht weh getan, oder?"

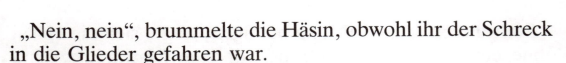

„Nein, nein", brummelte die Häsin, obwohl ihr der Schreck in die Glieder gefahren war.

„Darf ich Sie nach Hause bringen?" fragte der Biber liebenswürdig.

„Nein, danke", lehnte Frau Sauerklee unfreundlich ab. „Ich ... Ich muß noch auf einen Sprung ins Stoffgeschäft!"

Dabei wußte sie eigentlich überhaupt nicht, weshalb sie eine so dumme Ausrede erfunden hatte. Denn die Geschäfte waren ja jetzt schon alle geschlossen! In ihrer Angst hatte sie wirklich den Kopf verloren ...

Tatsächlich aber war der Laden von Cäcilia Zierstich noch hell erleuchtet, und Frau Sauerklee stürzte hinein. Die Stoffhändlerin erschrak ganz schön, als so spät noch jemand auftauchte.

„Ich schließe gerade", sagte sie. „Entschuldigen Sie, aber wie Sie sehen, hilft mir mein freundlicher Nachbar, Herr Hahnemann, soeben, die Fensterläden einzuhängen. Brauchen Sie denn dringend etwas?"

„Ja ... Nein ... Das heißt ... Vielleicht ... Ich weiß nicht", stotterte die Häsin verwirrt.

„Bei allen Uhrpendeln dieser Welt! Was reden Sie denn, gute Frau?" polterte Herr Hahnemann und stellte den Fensterladen, den er gerade einhängen wollte, auf die Erde.

„Eben", bemerkte Frau Zierstich. „Drücken Sie sich bitte etwas deutlicher aus. Was wünschen Sie?"

„Sie sind viel zu spät dran, die beiden ... Ach, wie schrecklich, ich mache mir solche Sorgen!" stammelte die seltsame Kundin und wurde immer blasser.

„Bei allen Armbanduhren dieser Welt! Was ist denn das bloß für eine Geschichte?" fuhr der Hahn sie ungeduldig an.

16

„Fühlen Sie sich nicht wohl, meine Dame?" erkundigte sich die Mäusin nun besorgt. „Bitte, wollen Sie sich nicht einen Augenblick setzen? Warten Sie, ich gebe Ihnen ein Glas Wasser..."

Die Häsin nahm auf einem Stuhl Platz – inmitten von Bändern, Bergen von Spitzen, Stapeln von Seidenballen, Unmengen von Knöpfen, unzähligen Fäden und Garnen in allen Regenbogenfarben und zahllosen Nadeln aller Größen und Längen. Sie trank ein paar Schluck Zuckerwasser und klagte dann ihr Leid.

„Bei meiner Zwiebel!" schnaubte Herr Hahnemann und zog gleichzeitig seine schöne Taschenuhr heraus. „Es ist noch lange nicht Mitternacht, werte Frau. Weshalb regen Sie sich denn eigentlich auf?"

„Und überhaupt, wer sagt Ihnen denn, daß er nicht inzwischen zurück ist?" bemerkte die Mäusin ganz behutsam.

„Sehr richtig, ganz richtig!" stimmte der Hahn ihr zu. „Meine Dame", wandte er sich an die Häsin, „am besten ist es, Sie gehen jetzt nach Hause. Und da Sie ziemlich durcheinander sind, schlage ich vor, ich begleite Sie."

„Ich auch", fügte die Stoffhändlerin hinzu.

Drei Hüpfer, vier Flügelschläge, gesagt, getan – und schon hatte Herr Hahnemann Türen und Fenster des Ladens verriegelt. Die drei machten sich unverzüglich auf den Weg.

Ganz keck schritt Herr Hahnemann der kleinen Gruppe voran und verkündete dabei mehr als einmal lauthals: „Also, einen solchen Nebel habe ich noch nicht gesehen!"

„Eben. Und bestimmt hat mein Mann sich verirrt, o weh!"

schluchzte Frau Sauerklee auf.

„Bei allen Uhrzeigern dieser Welt, reden Sie keinen Unsinn!" erwiderte Herr Hahnemann in einem Ton, der keinen Widerspruch duldete. „Das Auto von Ihrem Mann hat doch Nebelscheinwer..."

Genau in diesem Augenblick wurde die Rede des Hahnes durch eine neugierige und schmeichelnde Stimme unterbrochen, die irgendwo aus dem Himmel zu kommen schien. „Wohin des Wegs, Herr Hahnemann, bei dem schönen Wetter und in so guter Gesellschaft?"

Verwirrt schaute der Hahn nach oben, konnte aber nichts entdecken. Ganz aufgeregt plusterte er sich auf und raufte sich die bunten Federn: „Heiliger Bimbam! Wer spricht denn da?"

Ein leises Kichern antwortete ihm aus der Dunkelheit: Es kam von der Katzengroßmutter, Mina Munkel, die im selben Moment die Fensterläden hatte schließen wollen, als das seltsame Dreigespann unten vorbeikam.

Nachdem sie erfahren hatte, was geschehen war, begriff die kluge Katze sofort, daß Scherze hier fehl am Platze waren. Im

Gegenteil, sie hatte Mitleid mit Frau Sauerklee und bot ebenfalls ihre Begleitung an.

So bogen die drei Damen unter Führung von Herrn Hahnemann, der ihnen mit zackigem Schritt beherzt vorausging, schweigend in die Fliedergasse ein. Nur noch wenige Meter, und schon war das Gartentor der Villa „Sonnentau" erreicht. Ein verzweifelter Aufschrei entfuhr Frau Sauerklee: Die Garage war leer, ihr Mann war noch nicht zurück!

„Ehm . . .", brummelte der Hahn unbeholfen.

„Aber hören Sie, eine ganz normale Verspätung", kam es beinahe wie aus einem Munde von Frau Munkel und Frau Zierstich, die die bedauernswerte Häsin so gerne aufgemuntert hätten.

„Hier draußen ist es zu feucht", bemerkte der Hahn.

„Wenn es Ihnen recht ist, gehen wir ins Haus und warten mit Ihnen zusammen auf Ihren Mann", schlugen Katze und Mäusin Frau Sauerklee vor.

Und ob es der Häsin recht gewesen wäre! Jedoch hatte sie, als sie um sieben Uhr in aller Eile weggegangen war, die Tür hinter sich zugeschlagen und dabei die Schlüssel im Haus vergessen. Das hatte gerade noch gefehlt! Was nun?

„Bei allen Glockenschlägen dieser Welt, was für ein Wirrwarr!" donnerte Herr Hahnemann. Er überlegte ein Weilchen und fragte dann: „Ist zufällig irgendein Fenster auf?"

„Ja, ja, im zweiten Stock! Das Fenster im Badezimmer, wo mein Philodendron steht, weil er frische Luft braucht."

„Gut, ausgezeichnet! Wir brauchen aber eine Leiter. Haben Sie eine im Garten, Frau Sauerklee?"

„Ja, gewiß. In der Scheune, dort hinten bei den Apfelbäumen."

Fünf Minuten später kletterte die Häsin zitternd vor Aufregung die Leiter hinauf, die von einem nervös flatternden Hahn gehalten wurde.

Frau Sauerklee klagte, jammerte und weinte. Zu guter Letzt gelang es ihr aber doch, in ihr Haus zu kommen. Sie öffnete Frau Munkel und Frau Zierstich die Tür und bot Herrn Hahnemann sogar ein Gläschen Likör an.

Der jedoch lehnte ab, nachdem er auf die Uhr gesehen hatte und bemerkte, daß es schon beinahe acht war.

„Ich muß gehen", verkündete er. „Ich habe Professor Wortreich zu mir eingeladen. Er will mir ein Buch über Pendeluhren vorbeibringen."

Die drei Damen machten es sich im Wohnzimmer bequem und schlürften bald eine schöne, heiße Tasse Kräutertee.

Ende gut, alles gut?... Nun, es ist vielleicht noch etwas früh, um das zu sagen, denn Herr Sauerklee ist ja noch nicht zurück.

Aber, ganz unter uns, was glaubt ihr, weshalb er sich so verspätet hat?

Alles Gute zum Geburtstag, Flori!

"Hipp, hipp, hurra!"... Laute Hochrufe, begleitet von fröhlichem Geschrei, tönten aus allen Kehlen und durchschnitten die Luft wie Feuerwerkskörper. Das ausgelassene Gejauchze war so laut geworden, daß es selbst die mächtigen Glockenschläge übertönte, die jetzt dröhnend aus der majestätischen Turmuhr des Schlosses kamen – es war genau acht Uhr.

Allmählich ging das Jubelgeschrei in Singen über, in das alle mit so viel Eifer und Begeisterung einstimmten, daß einem beinahe das Trommelfell platzte.

"Hoch soll er leben, hoch soll er leben, dreimal hoch!"

Danach klatschten alle Beifall.

Flori, der kleine Sohn von Madame Prachtlocke, feierte an diesem Abend zusammen mit den Geschwistern und einigen Freunden seinen siebten Geburtstag.

Madame Prachtlocke, seine liebevolle Schafmutter, hatte soeben eine riesige, mit brennenden Kerzen geschmückte Torte auf den Tisch gestellt und damit erneut einen Schwall von Hurrarufen und Geschrei ausgelöst.

Denn diese märchenhafte Torte war wirklich ein Meisterwerk: ein riesiges, phantastisches Gebilde, das den kleinen Gästen das Wasser im Munde zusammenlaufen ließ. Die Torte war aus allerlei Köstlichkeiten zusammengesetzt. Glänzende Nougatsterne wechselten sich ab mit weißen Bällchen aus gebackenem Eierschnee, Mohrenköpfen mit Schokoladenüberzug, gerösteten Mandeln, bunten Früchten aus Marzipan, Konfekt und Bonbons in tausenderlei Formen und Farben.

Verziert war dieses prächtige Tortengebäude mit einer Girlande aus Zuckerwatte, und ganz oben, inmitten der flackernden Kerzen, thronte eine wunderschöne „7" aus kandierten Früchten.

Rund um den Tisch sah man die Augen der Geburtstagsgäste vor Begeisterung und Freude aufleuchten.

„Blas schnell die Kerzen aus!" drängten Flocke und Locke, die Brüder von Flori, da sie es kaum erwarten konnten, die Torte zu versuchen.

„Du mußt sie alle auf einmal auspusten!" feuerten die drei Schwestern Schnucke, Wonne und Sonne ihren Bruder an und schüttelten dabei anmutig die Locken und Haarschleifen, die ihre hübschen Gesichter umrahmten.

Ihr jüngstes Brüderchen, Knäulchen, saß in seinem Kinderstuhl und machte mit seiner Rassel einen ungeheuren Radau.

Währenddessen versuchte Stups, das Ziegenkind, seinen Vetter Flori zu ärgern, und tat so, als ob es selbst die sieben Kerzen auf der Torte ausblasen wollte. Aber die Freunde drängten sich ganz dicht um Flori und überhäuften ihn mit zahllosen gutgemeinten Ratschlägen. Da war Sascha, das Bärchen, die Kaninchensöhne Fips und Naseweis, das Biberkind Fratz und das Eichhörnchen Blitz.

Zu dem Geburtstagsfest war auch Potz eingeladen, aber seltsamerweise war das Hasenkind nicht erschienen...

„Hoffentlich ist er nicht krank geworden", sorgte sich Madame Prachtlocke.

Das Geburtstagskind stand nun auf, und alle warteten gespannt...

Flori holte Luft, so tief er konnte, und...

„Du tust ja so, als ob du ganz tief tauchen wolltest!" platzte das Eichhörnchen dazwischen. Alles brach in Gelächter aus – und Flori als allererster, weshalb er nun wieder von vorne anfangen mußte.

„Los, mach schon!" feuerten ihn seine drei Schwestern an. „Wir sterben vor Hunger!"

Wieder holte Flori ganz, ganz tief Luft, und diesmal gelang es ihm auch, die Kerzen auszupusten. Sie waren alle durch den kleinen Windstoß ausgegangen – bis auf eine.

Armer Flori – er war ein bißchen traurig darüber... Aber schon schnitt Madame Prachtlocke die wunderbare Torte auf und legte jedem ein riesiges Stück auf den Teller. Endlich konnten alle die Leckerei genießen! Man hörte nur noch das gleichmäßige Geklapper der Gabeln, die unaufhörlich von den Tellern zu den Mündern wanderten.

Knäulchen fand als erster die Sprache wieder und rief mit

lauter Stimme eines der wenigen Wörter, die er bereits sagen konnte: „Mehr, mehr!"

„Schade, daß Potz heute abend nicht gekommen ist", bedauerte Stups. „Er versäumt die leckerste Torte seines Lebens!"

Nun stand Sascha, das Bärchen, auf. Er zog aus seiner Tasche ein sorgfältig gefaltetes Blatt Papier und räusperte sich. Nachdem er sich zu Flori umgewandt hatte, begann er mit feierlicher Stimme eine kleine Ansprache, die er eigenhändig zu Ehren seines Freundes verfaßt hatte:

„Lieber Flori,

es ist ganz toll, sieben Jahre alt zu sein!
Die Erwachsenen sagen, daß man dann vernünftig werden muß. Aber wir, deine Freunde, hoffen, daß du trotzdem nicht zu ernst und brav wirst und weiter deine Scherze und Späße machst.
Danke, daß du uns zu deinem Fest eingeladen hast, und alles Gute zum Geburtstag!"

Brausender Beifall und Jubelgeschrei! Die Gesellschaft stand nun vom Tisch auf und verließ den festlich erleuchteten Raum.

Die Fröhlichkeit ließ an diesem Abend alle vergessen, daß es schon so spät war. Niemand dachte an die dunkle Nacht und an den dichten Nebel...

„Wollt ihr einen kleinen Ausflug auf den Dachboden machen?" fragte Madame Prachtlocke die lärmende Bande.

Zur Antwort bekam sie erneut Freudenschreie: „Ja, ja!"

Ein Streifzug durch den riesigen Speicher des majestätischen Schlosses war sogar für die Kinder von Madame Prachtlocke ein aufregendes Abenteuer, das sie nicht alle Tage erlebten.

„Aber erst gehen wir in den Abstellraum", erklärte Mutter Prachtlocke. „Da holen wir ein paar Laternen, denn die Treppe zum Turm ist schlecht beleuchtet." Und schon stürmte die ganze Gesellschaft zu dem großen Lagerraum, der mit riesigen, geheimnisvollen Schränken vollgestellt war.

Nachdem für alle eine Laterne gefunden war, konnte das Abenteuer beginnen, und die Kleinen stiegen im Gänsemarsch die enge Wendeltreppe des Schloßturmes hinauf.

Endlos schien der Weg! Sage und schreibe neunundneunzig Stufen waren zu bewältigen – schwindelerregend! Aus den schmalen Fenstern in den dicken Turmmauern sah man tief unten und klitzeklein die Lampen im Schloßhof. Und ganz schön aufregend war es, denn Schnucke stolperte und purzelte dabei über das Bärchen, das dann beinahe selbst hingefallen wäre. Blitz drehte sich zu schnell um und hätte fast das Kaninchen Naseweis mit seiner Laterne angestoßen, und Fips schließlich jagte der ganzen Gesellschaft einen Riesenschrekken ein, als er plötzlich ein schauriges Geheul ausstieß!

Aber die Ankunft auf dem Dachboden ließ all die Aufregungen sofort vergessen... Als Flori die dicke, knarrende Eichentüre aufstieß, öffnete sich vor seinen Augen eine Zauberwelt! Was es da alles zu sehen gab!

Zunächst mußten sie ein rundes Zimmer durchqueren, das

vollgepackt war mit alten Stühlen und Sesseln in allen Formen und Farben. Dann gelangten sie in einen riesigen rechteckigen Raum, der so groß war, daß man noch nicht einmal das andere Ende sehen konnte, denn er war von ein paar Glühbirnen schwach erleuchtet.

Aus dem Halbdunkel tauchten die seltsamen Formen von Gegenständen auf, die über und über mit einer dünnen Staubschicht bedeckt waren und daher wie eingepudert aussahen. Überall auf dem Boden standen Truhen, Koffer, Bilder, Möbel und Lampen. In einer Ecke häuften sich ausrangiertes Geschirr, zusammengerollte Teppiche, Kinderwagen aus Weidengeflecht, die schon lange nicht mehr gebraucht wurden, riesige Spiegel mit goldenen Rahmen aus alter Zeit, Bücher, Schirme, ausgediente Stiefel und sogar ein altes Klavier...

Zunächst waren sie alle etwas eingeschüchtert, doch schon bald erforschten die kleinen Abenteurer neugierig jeden Winkel. Es dauerte nicht lange, und die drei Töchter von Madame Prachtlocke hatten Kleider aus vergangenen Zeiten aufgespürt, die sie sofort anprobierten. Was für märchenhafte Kostüme!

Naseweis und Fips hatten eine Schachtel voller Kreisel ausfindig gemacht. Flori und Sascha freuten sich, als sie ein paar alte Säbel entdeckten. Aber Madame Prachtlocke verbot ihnen, damit zu spielen.

„Schade", seufzte das Bärchen. „Wir hätten so schön Piraten spielen können..."

Flocke und Locke waren damit beschäftigt, die Schienen einer alten Eisenbahn zusammenzubauen.

„Wenn Potz jetzt hier wäre, könnte er uns helfen. Er kann so was besonders gut!"

Warum er wohl nicht gekommen ist? dachten sie bei sich.

Madame Prachtlocke hatte Knäulchen in einen Leiterwagen gesetzt und zog ihn über den holprigen Holzboden, der übersät war mit allen möglichen ungewöhnlichen Gegenständen. Und Knäulchen quietschte dabei vor Vergnügen.

Fratz hob vorsichtig den schweren Klavierdeckel hoch und schlug ein paar Tasten an. Was für schreckliche Töne aus dem verstimmten Instrument kamen! Man konnte eine Gänsehaut davon bekommen.

„Das tut ja in den Ohren weh", riefen die anderen.

„Dann versuche ich es eben mit dem Jagdhorn", antwortete der hartnäckige Musiker und griff nach einer ganz zerbeulten Posaune.

Aber obwohl er mit aller Kraft hineinblies, kam nur ein müdes Zischen heraus. Ganz enttäuscht, nahm er sich zum Trost eine Trommel.

„Aber... Wo steckt Blitz?" fragte Flori plötzlich.

Alle hielten sofort mit dem Spielen inne und schauten sich um – von dem Eichhörnchen keine Spur!

Etwas besorgt ging Madame Prachtlocke den Speicher ab, leuchtete mit ihrer Laterne in die entferntesten Winkel und schaute in jede Nische. Ihre Kinder und die Freunde halfen ihr beim Suchen.

Um ehrlich zu sein, niemand machte sich wirklich Sorgen, denn es gab ja auf dem Speicher keine Löcher oder gar Fallgruben, sondern nur endlos viele Verstecke!

Plötzlich hörten sie von oben ein fröhliches Kichern. Die Suchenden hoben den Kopf und entdeckten endlich Blitz, der

rittlings auf einem Balken saß. So ein verrückter Kerl!
   Wie hatte er es bloß geschafft, da hinaufzuklettern? Ein Rätsel... Aber er war ja auch in der Schule immer der Beste im Turnen. Madame Prachtlocke bewunderte seinen Mut und hatte gleichzeitig Angst, er könnte doch noch herunterfallen. So bat sie ihn eindringlich, von seinem Hochsitz herabzusteigen.
   Sie merkte, daß es wohl besser war, den Streifzug auf dem Dachboden nun zu beenden, und hatte einen guten Einfall,

wie sie die kleinen Abenteurer aus diesem Paradies weglokken konnte. Sie fragte ganz laut in die Runde: „Wer hat Lust zum Sackhüpfen in der großen Schloßgalerie?"

„Ich! Ich! Ich auch!" tönte es von allen Seiten.

Unter großem Gelächter und Gejohle begann eine wilde Jagd die Wendeltreppe hinunter. Darauf folgte noch ein kurzes Durchstöbern der Riesenschränke im Abstellraum, ein Ritt auf dem Geländer der Schloßtreppe und schließlich die ulkigsten Verrenkungen beim Reinsteigen in die Kartoffelsäcke.

Dann gab Madame Prachtlocke am Ende der langen, mit Bildern geschmückten Galerie, durch deren dreizehn Fenster man auf den Park und den umliegenden Wald schauen konnte, das Zeichen zum Start: „Achtung, fertig... los!"

Das Schauspiel, das nun folgte, war derart komisch, daß man sich den Bauch halten mußte vor Lachen. Es hätte ein Wettkampf um die besten Grimassen, Seufzer und Schimpftiraden sein können.

Um es kurz zu machen: Das Kaninchenkind Naseweis gewann die erste Runde, sein Bruder Fips die zweite. Ob diese Begabung wohl in der Familie lag?

Doch verlassen wir nun die fröhliche Bande und ihr ausgelassenes Spiel.

Die Kleinen hatten noch eine ganze Stunde Spaß vor sich, denn ihre Eltern hatten versprochen, sie gegen zehn Uhr abzuholen. Und gewiß würden sie zu spät zum Schloß kommen, da der Nebel immer dichter und dichter wurde.

Werfen wir noch einen letzten Blick auf das Schloß, das sich so märchenhaft aus dem Dunkel erhebt mit seinen hohen, hell erleuchteten Fenstern und seinen Türmen, die so mächtig in den Himmel ragen...

Mißtöne bei der Chorprobe

Ich bin sicher, daß es schon neun Uhr geschlagen hat!" ereiferte sich Roswitha von Gänserndorf und flatterte dabei gereizt mit den Flügeln. „Es ist unerhört!"

„Hätte ich es doch nur geahnt, dann hätte ich mich mit dem Abendessen nicht so beeilen müssen", keifte Käthe Heckmeck, die Käuzin, ganz aufgeregt. „In der Eile habe ich mir mit meiner heißen Suppe die Zunge verbrannt. Ach, ich hätte es ja wissen sollen!"

„Hoffentlich ist ihr nichts passiert", gurrte Laura, die Turteltaube, dazwischen. „Bei diesem Nebel..."

„Hoffentlich!" gackerte Frau Pimpernell, die elegante Hühnerdame im grauen Federkleid. „Es war heute abend bei diesem Nebel wahrhaftig nicht leicht, hierher zu finden. Gott sei Dank kenne ich den Weg in- und auswendig!"

„Tja, je später der Abend, desto schöner die Gäste", bemerkte Frau von Gänserndorf bissig. „Unerhört, sage ich Ihnen!"

„Hätte ich es doch nur geahnt, dann hätte ich meine Suppe vorher etwas abkühlen lassen", murrte die Käuzin. „Und überhaupt, mit meinem Schnupfen hätte ich gar nicht erst kommen sollen!"

„Aber Mina Munkel kommt sonst nie zu spät", warf die Turteltaube schüchtern ein. „Bestimmt ist ihr etwas Schlimmes passiert!"

„Ich mache mir wirklich Sorgen", gestand die Hühnerdame. „Frau Sauerklee und Frau Zierstich fehlen ja auch noch..."

„Eine Schande!"

„Hätte ich es doch nur geahnt!"

„Unerhört!"

„Wenn nur nichts passiert ist!", so schnatterten, gurrten und gackerten die vier Damen durcheinander.

Die fünfte, die Maulwürfin Resi Redlich, schwieg wie immer.

Jeden Samstagabend um Viertel vor neun trafen sich diese Damen aus Möhrenfeld im Rathaussaal zur Chorprobe, denn sie alle gehörten dem Gemeindechor an. Die Leitung hatte dabei immer die liebenswürdige Katzengroßmutter, Frau Mun-

kel, und die Probe begann regelmäßig um Punkt neun Uhr.

Auch an diesem Abend hatten die Sängerinnen wie üblich ihre Hüte, Schals und Tücher an die Garderobe gehängt und dann auf den Bänken, die im Halbkreis aufgestellt waren, ihre Plätze eingenommen.

Sie blätterten in den Noten für das Lied, das sie gerade einübten. Es hieß „Willkommen seiest du, goldener Herbst".

Aber es fehlte ja noch die Chorleiterin!

Genau in dem Augenblick, als Frau Pimpernell ganz richtig bemerkte: „Zehn nach neun! Es hat keinen Sinn, noch länger zu warten...", öffnete sich langsam die Tür, und Cäcilia Zierstich kam herein. Die Mäusin war noch ganz atemlos und durcheinander.

Natürlich wurde die Ärmste sofort mit zahllosen Fragen überhäuft: „Warum?"... „Wieso?"... „Ich verstehe nicht!"

Und Frau Zierstich hätte ja auch viel zu berichten gehabt,

aber sie kam überhaupt nicht zu Wort. Immer wieder wurde sie unterbrochen. Man ließ ihr noch nicht einmal genug Zeit, ihre Haube und ihr Tuch abzulegen... Bei ihrer Ankunft sprangen alle von ihren Plätzen auf und stürzten schnatternd und flatternd auf sie zu.

Selbst Fräulein Redlich, die sonst so zurückhaltend war, starrte die Mäusin aus kleinen Äuglein durch ihre goldgeränderte Brille an. Dabei murmelte sie, was bei ihr ganz außergewöhnlich war, ab und zu: „Was ist heute abend bloß los?"

„Etwas mehr Ruhe bitte, meine Damen!" rief Frau Pimpernell plötzlich, so daß Frau Zierstich endlich Gelegenheit zum Sprechen bekam.

„Mina Munkel kommt heute abend nicht. Sie bleibt bei Frau Sauerklee, die ganz besorgt ist, weil sie seit Stunden nichts von ihrem Mann und ihrem Sohn gehört hat." Dann verkündete sie den Sängerinnen: „Mina Munkel hat mich beauftragt, für sie die Chorleitung zu übernehmen."

Anstatt wieder Ruhe zu schaffen, löste diese Mitteilung ein riesiges Geschnatter und Geschrei aus.

Erst als Frau Pimpernell einige kräftige Akkorde auf dem Klavier anschlug, herrschte wieder Stille.

Sie schaute kurz auf die goldene Uhr, die sie stets an einer Kette um den Hals trug, und sagte dann: „Es ist zwanzig nach neun. Ich finde, wir sollten jetzt wirklich anfangen!"

Wie Schulmädchen, die vom Lehrer während des Unterrichts beim Schwatzen ertappt worden sind, kehrten die Sängerinnen kleinlaut auf ihre Plätze zurück.

Frau Zierstich konnte nun endlich auf ihr Podest steigen, und weil sie so klein war, stellte sie sich zusätzlich noch auf einen Stuhl. Eigentlich war sie ziemlich verlegen, denn sie war es nicht gewohnt, daß so viele Augenpaare auf ihr ruhten.

Schließlich faßte sie sich aber ein Herz und gab erst einmal mit der Stimmgabel den richtigen Ton an. Dann begann sie, mit schnellen und genauen Handbewegungen den Takt zu schlagen und stimmte die Melodie zu „Willkommen seiest du, goldener Herbst" an.

Schon nach den ersten Klängen hatten sich die Sängerinnen wie durch ein Wunder beruhigt und widmeten sich aufmerksam ihren „fis" und „b's".

Sie hatten wirklich schöne Stimmen. Silberhell klang die der Turteltaube Laura, zart und weich dagegen die der Maulwürfin; samtig war die Stimme der Käuzin, klar und rein

46

die von Frau Pimpernell; sanft flötete die Gänsedame. Und alle benahmen sie sich beim Singen anders: Laura neigte den Kopf nach links, Fräulein Redlich führte eine Hand an die Brust, Käthe Heckmeck schloß andächtig die Augen, und Roswitha von Gänserndorf streckte verzückt die Flügel von sich.

Zuerst sang jede einzeln ihre Melodie, dann vereinten sie sich im Chor. Dabei wandten sie nicht einen Moment ihren Blick von Frau Zierstichs Taktstock – außer der Käuzin natürlich, die ja mit geschlossenen Augen sang.

Plötzlich . . . Poch! Poch! Poch! Dumpf hallte es durch den Versammlungssaal und übertönte sogar die Stimmen der Künstlerinnen.

Die Mäusin, Frau Zierstich, erstarrte vor Schreck. Die Sängerinnen verstummten auf einen Schlag.

Immer stärker dröhnte das sonderbare Pochen. Die Tür bebte, der ganze Raum erzitterte.

Die Maulwürfin hielt sich die Ohren zu, die Turteltaube und die Gänsedame klapperten vor Angst mit den Schnäbeln, und die Mäusin war auf ihrem Podest zu einer Statue versteinert.

„Es klopft nur an der Tür. Da müssen wir doch aufmachen, nicht wahr?" sagte gelassen Frau Pimpernell, die scheinbar immer die Nerven behielt. Aber sie leitete ja auch ein Gästehaus und war daher an die seltsamsten Situationen gewöhnt.

Als ob gar nichts Besonderes geschehen wäre, ging sie zur Tür, drückte die Klinke herunter und öffnete. Und wer stand da vor ihr – Herr Ziegenbart, der Bürgermeister von Möhrenfeld, höchstpersönlich.

„Guten Abend, meine Damen", grüßte er mit seiner freundlichen, klangvollen Stimme. „Wenn Sie erlauben, würde ich gerne zuhören. Ich bin nämlich ein großer Opernfreund, müssen Sie wissen! Es wäre wirklich nett", fuhr er fort, „wenn Sie mir gestatten, heute abend Ihrer Probe beizuwohnen. Ich hatte nämlich schon lange vor, Sie einmal darum zu bitten."

„Aber sicher, gewiß. Es ist eine Ehre für uns!" antwortete Frau Pimpernell, die wußte, was sich gehörte. Und schon schob sie dem Herrn Bürgermeister einen Stuhl hin. „Meine Kolleginnen und ich sind glücklich, für Sie singen zu dürfen", fügte sie hinzu.

Sie setzte sich ans Klavier und schlug die ersten Töne an zu „Willkommen seiest du, goldener Herbst".

Doch dann kam der Moment, in dem der Chor mit der schönen Melodie einsetzen sollte. Und was geschah?... Nichts, aber auch rein gar nichts: Grabesstille!

Die Sängerinnen waren verlegen – sie brachten es nicht fertig, vor dem Bürgermeister den Schnabel aufzumachen. Und Frau Zierstich fand nicht den Mut, ihren Taktstock zu heben. Frau Pimpernell war zu voreilig gewesen.

Herr Ziegenbart spürte die Verlegenheit. Er lächelte verständnisvoll und ermutigte die Sängerinnen: „Aber, meine Damen, lassen Sie sich durch mich doch nicht stören! Singen Sie nur, wie Sie Lust haben." Dann sagte er: „Ich mache Ihnen einen Vorschlag: Wenn Sie möchten, bringe ich Ihnen ein Liedchen bei, das mir besonders gefällt. Gestatten Sie, Frau Pimpernell?"

Er rückte seinen Stuhl ans Klavier und klimperte die ersten Takte einer heiteren Melodie. Dazu sang er aus voller Kehle:

*"Gern lache ich, gern singe ich
ein Liedchen, das mir gut gefällt!
Gern lache ich, gern singe ich
und reise um die halbe Welt!
Gern lache ich, gern singe ich..."*

Mit dem einen Fuß schlug er die Tasten an, mit dem anderen gab er schwungvoll den Takt vor. Und so steckte er allmählich die Chordamen mit seiner Sangeslust an. Nur Fräulein Redlich, die den Text etwas komisch fand, blieb stumm.

Mitten im Lied ging plötzlich das Licht aus, und mit einem Schlag standen die Künstlerinnen im Stockdunkeln.

Ein schrecklicher Mißklang war natürlich die Folge dieses

unerwarteten Ereignisses. Musik und Gesang hörten sofort auf. Schreie des Entsetzens waren zu hören.

„Heute geht es nicht mit rechten Dingen zu!" krächzte Käthe Heckmeck im Dunkel. „Ich hätte es ja wissen sollen..."

„Es ist wirklich eine Schande!" stimmte Frau von Gänserndorf ihr zu.

„Unerhört!" gurrte die Turteltaube.

„Wie ärgerlich!" seufzte Frau Pimpernell.

„Ka-ta-stro-phal!" hörte man prompt von Frau Zierstich.

„Ich hoffe, Sie scherzen nur!" erwiderte Herr Ziegenbart gutgelaunt. „Es ist keine Schande und schon gar keine Katastrophe, meine Damen, sondern nur eine kleine techni-

sche Panne. Die Sicherungen sind herausgesprungen. Das ist alles", beschwichtigte er sie. „Bleiben Sie schön, wo Sie sind, und gedulden Sie sich einen Moment. Ich behebe den Schaden sofort."

Während er sich im Dunkeln vorantastete, stieß er einen Schemel und einen Notenständer um. Dann fiel er über die Käuzin, die herzzerreißend zu heulen begann. Schließlich hatte er die Tür gefunden. Er ging in sein Büro, das direkt nebenan lag, und nahm aus einer Schublade eine Kerze und Streichhölzer. Damit begab er sich in den Keller. Trotz der schwachen Beleuchtung hatte er den Schaden schon bald repariert.

„Wie klug Sie sind, Herr Bürgermeister", rief die Hühnerdame bei seiner Rückkehr bewundernd aus.

„Wie gut, daß Sie heute abend hier waren, Herr Bürgermeister!" versicherte die Turteltaube. „Wir hätten uns selbst nicht helfen können und wären bestimmt vor Angst gestorben!"

Herr Ziegenbart lächelte geschmeichelt.

„Ach, das war doch ganz einfach. Singen wir weiter!" forderte er die Chordamen auf.

Im selben Augenblick öffnete sich die Tür erneut! Diesmal war es Herr Goldbrot. Mit der größten Selbstverständlichkeit marschierte er zielstrebig in den Raum und rief mit lauter Stimme: „Guten Abend, allerseits! Beeilung, meine Damen! Es ist schon fast zehn Uhr! Bitte einsteigen!"

Dann bemerkte er Herrn Ziegenbart und sagte erschrokken: „Oh, Herr Bürgermeister! Ich wußte nicht, daß Sie auch hier sind. Entschuldigen Sie vielmals!"

„Aber ich bitte Sie, mein Lieber. Möchten Sie nicht ein bißchen mit uns singen?" fragte Herr Ziegenbart.

„Aber nein, ich habe keine Zeit. Ich muß die Chordamen nach Hause bringen, wie nach jeder Probe. Und ich habe meinen Lieferwagen vor dem Rathaus geparkt, ohne den Motor abzustellen. Ich bin in Eile", erklärte er weiter, „weil ich dann meinen Sohn Sascha vom Kindergeburtstag bei Familie Prachtlocke abholen muß. Und es ist heute abend dermaßen neblig..."

„Dann will ich Sie nicht länger aufhalten. Gute Fahrt und bis bald!" antwortete Herr Ziegenbart. Danach wandte er sich an die Sängerinnen: „Meine Damen, es hat mich sehr gefreut, Ihren wunderbaren Stimmen zu lauschen. Tausend Dank und gute Nacht!"

Die Chordamen strahlten vor Freude. Und so stiegen sie – trotz aller Zwischenfälle und Mißklänge bei der Chorprobe – äußerst zufrieden in den Wagen von Herrn Goldbrot.

Eine abenteuerliche Reise

Tsch! tsch! tsch! tsch!... Nacht und Nebel zum Trotz schnaufte die Lokomotive ihr endloses Lied und zog mit aller Kraft die sieben schweren Wagen durch die dunkle Landschaft.

Der taghell erleuchtete Zug schlängelte sich wie eine lange Lichterkette durch den dichten Wald, am Fuße der dunklen Hügel entlang und über die nebligen Wiesen.

Währenddessen genossen die Fahrgäste die nächtliche Reise in ihren bequemen Abteilen.

Im Abteil Nummer drei des fünften Wagens saßen zwei Personen, die besonders glücklich zu sein schienen...

Wer errät wohl als erster ihre Namen? Schon seit Stunden war viel von ihnen die Rede... Genau – es waren Herr Sauerklee und sein kleiner Hasensohn Potz!

Aber wie kamen sie denn wohl in den Schnellzug Nummer 777? Und dann noch so spät, beinahe um zehn Uhr abends? Wo sie doch schon um vier Uhr nachmittags zurück in Möhrenfeld sein wollten?

Die Geschichte ist einfach und kompliziert zugleich! Vater und Sohn waren doch nach Sonnenstadt gefahren, um eine Werkzeugkiste zu kaufen. Auf dem Hinweg klappte auch alles reibungslos. Die Fahrt ging schnell, und im großen Haushaltwarenladen fanden sie sofort, was sie suchten. Dann machten sie noch einen kurzen Spaziergang über den schönen Kastanienplatz.

Aber als sie aufbrechen wollten, gab das Auto von Herrn Sauerklee keinen Mucks von sich. Es war überhaupt nichts zu machen! Immer wieder drehte Vater Hase den Schlüssel im Zündschloß, mehrmals betätigte er kräftig die Kurbel. Es nützte nichts: Das Auto schien tief und fest zu schlafen und blieb stumm.

Also mußten sie in der Stadt einen Automechaniker auftreiben. Und sie fanden ihn auch: Herrn Hilfreich, einen fleißigen und geschickten Feldmäuserich. Er schleppte das Auto in seine Werkstatt und untersuchte den Schaden. Dabei stellte er fest, daß er mindestens zwei bis drei Tage brauchte, um den Motor wieder auf Trab zu bringen.

So ein Pech! Herr Sauerklee zwirbelte unaufhörlich sein linkes Ohr, was er immer tat, wenn er sehr aufgeregt war. Wie

sollten sie denn nun nach Hause kommen?

Vater und Sohn durchstreiften erneut die belebte Stadt. Diesmal ging es darum, ein Transportmittel zu finden, das sie nach Hause brachte.

Es war gar nicht so einfach, mit der Werkzeugkiste voranzukommen. Schön war sie ja und funkelnagelneu! Aber vor allem groß und schwer wie ein Fels!

Nachdem sie alles ausgekundschaftet hatten, stellten sie fest, daß es nur eine Möglichkeit gab, um nach Möhrenfeld zu gelangen: Sie mußten den Zug um 21 Uhr 53 nehmen. So lange mußten sie eben warten!

„Deine Mama macht sich bestimmt Sorgen!" murmelte Herr Sauerklee sichtlich verdrossen. „Aber wir können nichts daran ändern."

Und so kam es, daß Herr Sauerklee und sein Sohn Potz nach endlosem Warten den Schnellzug Nummer 777 bestiegen.

Was für ein Abenteuer! Es war das erstemal, daß Potz mit dem Zug fuhr. Etwas eingeschüchtert und aufgeregt zugleich marschierte er hinter seinem Vater her und betrat das Abteil Nummer drei.

In einer Ecke saß bereits ein Fahrgast, den man hinter seiner Zeitung kaum sah. Er war so ins Lesen vertieft, daß er selbst dann nicht aufschaute, als Vater und Sohn hereinkamen.

„Hau ruck!" rief Herr Sauerklee, während er versuchte, die Werkzeugkiste ins Gepäcknetz zu hieven.

Aber die Kiste war so schwer, daß er es dreimal versuchen

mußte. Um mehr Schwung zu bekommen, trat er einen Schritt zurück und berührte dabei versehentlich die Zeitung des Unbekannten. Aber der rührte sich überhaupt nicht! Komisch war das schon . . .

„Kann ich mich ans Fenster setzen?" fragte Potz.

„Sicher", gab sein Vater zur Antwort. „Aber es ist schon dunkel, du wirst nicht viel sehen."

Langsam setzte sich die Lokomotive in Bewegung. Die Lichter der Bahnstation von Sonnenstadt wurden kleiner und kleiner. Der Zug fuhr allmählich immer schneller, der Wagen begann leise zu schaukeln, die Lokomotive schnaufte fröhlich vor sich hin . . . Potz schloß die Augen und ließ sich sanft in den Schlaf wiegen. Der Sitz war weich und bequem, die Heizung verbreitete eine behagliche Wärme, und bald war Potz im Land der Träume . . .

Plötzlich wurde die friedliche Stille gestört. Die Abteiltür wurde aufgerissen, und herein kam eine Spitzmäusin. Auf ihrer Stupsnase saß eine kleine Brille, auf dem Kopf trug sie eine rosa Haube aus Wolle, und ihre Pfoten umklammerten lauter Koffer, Bündel und Pakete.

„Ist hier noch ein Platz frei?" erkundigte sie sich höflich.

Der Herr hinter der Zeitung gab kein Wort von sich.

„Ja, mein Fräulein", erwiderte Vater Hase.

„Gott sei Dank!" japste sie. „Ich hatte schon befürchtet, ich bekäme keinen Sitzplatz mehr." Im selben Moment gab es einen plötzlichen Ruck, und bauz – pardauz! purzelte die Spitzmäusin in hohem Bogen ins Abteil; ihr Gepäck flog hinterher.

Zum Glück war Herr Sauerklee ein sehr höflicher Mann und kam der Unglückseligen sofort zur Hilfe. Im Nu hatte er

62

ihr auf die Beine geholfen, hatte sie beruhigt und ihr einen Platz angeboten. Dann sammelte er zusammen mit Potz, der ein sehr wohlerzogenes Hasenkind war, ihr Gepäck ein, das überall verstreut war.

Es ist überflüssig zu berichten, daß der Fahrgast hinter seiner Zeitung dabei keinen Finger rührte.

Ein komischer Kerl! dachte Herr Sauerklee bei sich, während er behutsam die Gepäckstücke der Spitzmäusin ins Netz legte.

Viele der Pakete hatten sonderbare Formen. Einige trugen die Aufschrift „Zerbrechlich!" und mußten daher mit großer Vorsicht behandelt werden.

„Vielen, vielen Dank!" wiederholte die Spitzmäusin immer wieder. Sie wollte ganz offensichtlich eine Unterhaltung

anknüpfen. „Ich heiße Rosa", fuhr sie fort. „Bestimmt meinen Sie, ich hätte zuviel Gepäck, und das kann ich auch nicht leugnen. Aber Sie müssen wissen, daß ich meinen Vetter, Herrn Spürnase, und seine Frau Samantha besuche", erklärte sie weiter. „Sie wohnen in Möhrenfeld, und ich möchte einen Monat bei ihnen bleiben."

„Herr Spürnase ist nicht zufällig der Polizist von Möhrenfeld?" fragte Herr Sauerklee.

„Doch, genau der", bestätigte die Spitzmäusin. Und sie plapperte weiter. „Also möchte ich den beiden Geschenke mitbringen. Süßigkeiten, Spezialitäten aus meinem Dorf, selbstgemachte Marmelade, Nüsse aus meinem Garten, einen Strauß getrocknete Blumen... Aber, was das schönste ist..."

Die Erzählung des gesprächigen Fräulein Rosa wurde unterbrochen. Ein Imbißverkäufer hatte mit einer Pfote die Abteiltür geöffnet und schob nun mit der anderen einen blitzblank polierten Servierwagen herein. Auf mehreren Etagen lagen alle möglichen Brötchen und Häppchen, die appetitlich in durchsichtige Folie gepackt waren.

„Zwei große Salatbrötchen, bitte!" sagte Vater Hase.

„Und ich hätte gern ein Käsebrot!" fügte die Spitzmäusin hinzu.

Der Fahrgast hinter seiner Zeitung hatte, wie es schien, überhaupt keinen Hunger, denn er bestellte nichts...

Potz aß mit großem Appetit. Sein leckeres Brötchen war zumindest ein kleiner Trost dafür, daß er heute abend die Geburtstagstorte seines Freundes Flori versäumt hatte. Fräulein Rosa setzte, gleich nachdem sie die letzten Krümel verspeist hatte, ihre Erzählung fort.

„Also, wie ich schon sagte, das schönste ist..."

Und wieder wurde sie unterbrochen, diesmal durch den Schaffner.

„Die Fahrkarten, bitte!" rief er laut.

Blitzschnell hatte Fräulein Rosa die Fahrkarte aus ihrer Samthandtasche gezogen. Nicht so Herr Sauerklee. Er suchte in der Brieftasche, in Taschen und Täschchen – vergebens! Seine beiden Fahrkarten waren nicht aufzufinden. Potz wurde etwas unruhig.

Während Vater Hase seine Suche fortsetzte, trat der Schaffner auf den vierten Reisenden zu und wiederholte ganz laut: „Mein Herr, Ihre Fahrkarte bitte!"

Als er keine Antwort erhielt, zog er die Zeitung beiseite und stellte fest, daß der Mann tief und fest schlief. Er begann

also, ihn zu schütteln – zunächst ganz leicht, dann immer heftiger.

„Was ist los? Ich will weiterschlafen...", knurrte der Reisende, ein alter Hund, und fuhr dann plötzlich aus dem Schlaf hoch.

Potz brach in lautes Lachen aus, als er den Hund erkannte. Es war der Gärtner, Herr Kasimir Keimling, den er schon oft bei seinem Freund Dickie gesehen hatte. Auch Herr Sauerklee konnte ein leichtes Lächeln nicht unterdrücken. Es war schon ulkig, daß ausgerechnet Herr Keimling hinter der Zeitung gesteckt hatte!

Das Lächeln von Vater Hase war freilich etwas gequält, denn er hatte die Fahrkarten immer noch nicht gefunden und war allmählich wirklich beunruhigt.

„Ich weiß, wo sie sind", jauchzte das Hasenkind plötzlich mit

so durchdringender Stimme, daß die anderen zusammenzuckten. „In der Werkzeugkiste!"

Nun ging alles wieder seinen normalen Gang. Kasimir Keimling gähnte träge, Potz spielte vergnügt mit dem Klapptisch unter dem Fenster, und das redselige Fräulein Rosa beeilte sich, ihre Geschichte weiterzuerzählen...

Nach einer Weile hielt der Zug plötzlich ruckartig an. In der Dunkelheit waren hinter einem dichten Nebelschleier die Lichter einer Bahnstation zu erkennen.

Herr Sauerklee schaute auf die Uhr.

„Viertel vor elf!" rief er. „Dann sind wir ja schon in Möhrenfeld. Los, wir müssen aussteigen!"

Im Abteil Nummer drei geriet plötzlich alles in Aufruhr. Die beiden Hasen halfen der Spitzmäusin beim Tragen. Es war wahrhaftig nicht leicht, sich mit all den riesigen Gepäck-

stücken durch den engen Gang zu quetschen! Kasimir Keimling dagegen taumelte wie ein Schlafwandler zur Tür.

Draußen empfing beißende Kälte die vier Reisenden. Es war schwer, in der Dunkelheit überhaupt etwas zu sehen. Alles verschwamm im Nebel. Kaum erkannte man den Stationsvorsteher: Severin Dachs schwebte heute abend wie ein Gespenst über den Bahnsteig!

„Liebe Kusine, kennst du mich denn nicht mehr?" beschwerte sich eine Stimme aus dem Dunkel.

„Samuel! Ich hatte dich wirklich nicht gesehen!"

„Laß dich umarmen... Ach, der Herr Sauerklee!" bemerkte der Polizist Samuel Spürnase überrascht. „Was tun Sie denn hier?"

„Ich komme gerade aus Sonnenstadt und mache mich jetzt auf den Heimweg", gab Vater Hase zur Antwort.

„Dann kann ich Sie ja mitnehmen", bot der Polizist an. „Kommen Sie auch, Herr Keimling! Ich bin mit dem Polizeibus hier. Da werden wir wohl alle hineinpassen – trotz der unglaublich vielen Gepäckstücke meiner Kusine."

„Das hättest du nicht sagen sollen!" beschwerte sich Fräulein Rosa etwas beleidigt. „Du wirst schon bald sehen, was ich meine, und überhaupt..."

„Gut, gut, das kannst du mir später erzählen. Jetzt steig erst einmal ein!"

Zehn Minuten später setzte Herr Spürnase die beiden Hasen vor der Villa „Sonnentau" ab. Endlich waren sie wieder zu Hause!

„Es ist so ruhig!" stellte Herr Sauerklee fest. „Die Mama schläft sicher schon. Schau, sie hat vergessen, das Wohnzimmerlicht zu löschen. Mach du das eben, Potz!"

Das Hasenkind ging sofort ins Wohnzimmer. Und was sah es da? Seine Mama schlummerte friedlich auf einem Stuhl rechts vom Kamin, und links davon saß Frau Munkel, die Katzengroßmutter, schnarchend in einem Sessel.

Man kann sich vorstellen, wie fröhlich das Erwachen der beiden Frauen war. Und es war auch nicht verwunderlich, daß der Katzengroßmutter beim freudigen Wiedersehen der Familie drei Tränchen über die Wange kullerten... Es waren natürlich Freudentränen.

Das Mitbringsel

Der grüne Polizeiwagen hielt auf dem Marktplatz vor einem Haus mit einer großen, dicken Eichentür, die rechts und links von zwei kleinen Laternen erleuchtet war.

„Endstation, alles aussteigen!" verkündete der Polizist Samuel Spürnase mit amtlicher Stimme.

Und Fräulein Rosa schüttelte sich vor Lachen über diesen Witz. Sie war nämlich der einzige Passagier; nur ihr Vetter, der das Polizeiauto fuhr, saß noch mit im Wagen.

Die Frau des Polizisten hatte den Wagen bereits kommen hören, denn der Motor knatterte wie ein Gewitter durch die

Nacht. Sie erwartete die Ankommenden an der Haustür und begrüßte die Kusine ihres Mannes mit Umarmungen und Küssen.

„Komm schnell herein", sagte sie herzlich. „Sonst holst du dir bei dieser Kälte noch einen Schnupfen..."

„Und ich? Erkälte ich mich nicht?" brummelte Herr Spürnase.

„Du? Dich haut doch so schnell nichts um", erwiderte seine Frau Samantha schlagfertig.

„Gott sei Dank haut mich so schnell nichts um", polterte Samuel unwirsch. „Stell dir mal vor, ich wäre ein Schwächling. Dann könnte ich bestimmt nicht diese Unmengen von Gepäck ausladen und ins Haus schleppen."

„Es tut mir leid...", flüsterte die Spitzmäusin, eingeschüchtert durch die Gereiztheit ihres Vetters.

„Aber, Samuel, schämst du dich nicht, deine Kusine so zu foppen!" entrüstete sich Frau Spürnase. „Komm, meine

Liebe", wandte sie sich an Fräulein Rosa. „Lassen wir diesen Miesepeter mit seiner schlechten Laune allein."

„So ist es richtig", murrte der Polizist, während seine Frau den Besuch ins Haus führte.

Die beiden Frauen gingen durch die Amtsstube von Herrn Spürnase, stiegen über eine blankgebohnerte Holztreppe ins obere Stockwerk und gelangten schließlich in die Wohnung.

Sie begaben sich ins Wohnzimmer. Ein kleines Feuer flackerte lustig im Kamin und verbreitete im ganzen Raum eine behagliche Wärme und den Duft von brennendem Holz.

„Oh, es sind mehr geworden!" rief die Spitzmäusin plötzlich aus.

„Ja, ein paar", antwortete Frau Spürnase mit gespielter Bescheidenheit.

Eine merkwürdige Unterhaltung, nicht wahr? Die beiden Frauen sprachen nämlich über die Kissen, nach denen Samantha ganz verrückt war und von denen sie eine unglaubliche Sammlung besaß. Da gab es gehäkelte, gestrickte, gewebte, gestickte und genähte Kissen – alle von ihr selbst gemacht. Und sie lagen überall: auf Stühlen und Sesseln, auf dem Teppich als Stütze für die Pfoten, vor dem Kamin, um sich gemütlich hineinzukuscheln, zur Zierde auf dem Sofa – wohin man auch schaute. Das Wohnzimmer wirkte dadurch ganz besonders warm und wohnlich.

Die treusorgende Samantha hatte ein paar Leckereien vorbereitet: köstlich duftende Hörnchen mit Johannisbeer- und Aprikosenmarmelade und dazu einen schönen, heißen Lindenblütentee, der mit Honig gesüßt war.

Die Spitzmäusin sank in einen tiefen Sessel. Plötzlich überkam sie eine bleierne Müdigkeit, und so ließ sie sich gerne bedienen.

„Wie köstlich dieser Tee ist!" murmelte sie mit halbgeschlossenen Augen und seufzte genießerisch.

„Das ist ja wohl die Höhe!" schimpfte Samuel Spürnase, der soeben ins Wohnzimmer gepoltert kam. „Ich rackere mich mit deinen Koffern, Paketen und Taschen ab, und du liegst hier auf der faulen Haut! Und noch dazu in meinem Lieblingssessel..."

Fräulein Rosa sprang gleich auf.

„Entschuldige, Samuel! Ich wußte nicht, daß es dein Sessel ist", flüsterte sie zerknirscht.

„Setz dich sofort wieder hin!" forderte Frau Spürnase sie auf. „Am besten beachtest du diesen launischen Kerl überhaupt nicht. Merkst du nicht, daß er nur Streit sucht?"

Und das stimmte genau: Man mußte sich nur einmal die spitzbübischen Augen von Herrn Spürnase anschauen! Seit seiner Kindheit gab es für ihn kein größeres Vergnügen, als die Kusine zu ärgern.

„Schon gut, schon gut!" brummelte er jetzt und strich sich über den dicken Schnurrbart. „Sprechen wir nicht mehr darüber. Aber du wirst wohl zugeben, daß du viel zuviel Zeug mit dir herumschleppst. Die Hälfte von dem ganzen Plunder hätte gut und gerne gereicht!"

Zutiefst getroffen schoß die Spitzmäusin erneut aus ihrem Sessel hoch und schrie aufgebracht: „Du wirst schon noch sehen, ob ich zuviel Gepäck mitgebracht habe!" Mit diesen Worten hastete sie zum Treppenabsatz, wo ihr Hab und Gut aufgetürmt war. Sie suchte den ganzen Stapel ab, zog dann das größte Stück heraus und zerrte es nicht ohne Schwierig-

keiten in die Mitte des Wohnzimmers.

„Dieses Stück ‚Plunder' ist ein Geschenk für meinen ‚verehrten' Vetter", zischte sie mit zusammengebissenen Zähnen.

Herr Spürnase war völlig verdattert.

„Nun pack es schon aus", forderte die Spitzmäusin ihn höhnisch lächelnd auf.

Ungeduldig, wie er nun mal war, nestelte und zog er an den Knoten und riß das Papier herunter. Dabei murmelte er ab und zu: „Zum Teufel noch mal, was ist das nun wieder für ein Scherz?"

Der Scherz war... eine Trommel!

„Eine Trommel?" fragte Samantha verblüfft.

„Eine Trommel...", stotterte Samuel, der so gerührt war, daß er kaum sprechen konnte. „Die Trommel, die ich mir immer gewünscht habe! Oh, Kusine, laß dich umarmen! Eine

79

Trommel! Für mich!... Ich weiß ja gar nicht, wie ich dir danken soll... Das ist wunderbar!... Erinnerst du dich? Seit ich vier Jahre alt war, habe ich mir eine Trommel gewünscht. Aber meine Eltern meinten, sie mache zuviel Krach... Liebstes Kusinchen, es ist wundervoll, daß du dich daran erinnert hast!"

„Na, machst du dich jetzt immer noch über mich und meinen Plunder lustig?" neckte Fräulein Rosa ihren Vetter.

„Nie, nie wieder! Ich schwöre es bei meinem Leben! Ich gebe dir mein Polizisten-Ehrenwort!" antwortete dieser mit feierlicher Stimme.

Er ergriff die Trommelstöcke und begann zu spielen. Zaghaft zunächst. Kaum wagte er, das Fell zu berühren – als ob er Angst hätte, einen Traum zu zerschlagen. Allmählich wurde er mutiger und trommelte immer kräftiger.

„Ich werde Unterricht nehmen müssen", erklärte er ernst. Dann verkündete er: „Ich werde die ganze Nacht spielen!"

„Das kannst du dir aus dem Kopf schlagen", gab seine Frau ihm ruhig zur Antwort. „Denn erstens fallen deine Kusine und ich um vor Müdigkeit, und zweitens mußt du noch auf Streife gehen. Es ist bereits elf Uhr!"

„Potztausend! Ich hatte die Streife völlig vergessen! Ich muß schleunigst los... Aber morgen spiele ich den ganzen Vormittag auf meiner Trommel. Ich kann es kaum erwarten, so freue ich mich!"

Nur unwillig legte Samuel Spürnase die Trommelstöcke aus der Hand, die ihm lieber waren als alle Zauberstäbe dieser Welt. Während er schon zur Tür ging, verabschiedete er sich von den beiden: „Bis bald, meine Damen!" Dann eilte er die Treppe hinunter und stieg in sein grünes Dienstauto.

Langsam fuhr der Polizist durch die Straßen von Möhrenfeld. Trotz Dunkelheit und Nebel erkannte er Herrn Sauerklee, der Frau Munkel nach Hause brachte. Dann bemerkte er belustigt, daß im Turm von Herrn Hahnemann noch in allen Stockwerken Licht brannte; ihm fiel auf, daß das Auto von Herrn Nähnachmaß auf der falschen Straßenseite geparkt war, aber er sah großzügig darüber hinweg; und er entdeckte voller Bewunderung weit unten an der Hauptstraße den Schwimmlehrer Plansch, der jeden Abend vor dem Schlafengehen tausend Meter lief.

„Fein!" sagte der Polizist und pfiff fröhlich vor sich hin. „Alles ist ruhig, dann kann ich ja jetzt nach Hause fahren."

Doch auf dem Heimweg bemerkte er auf dem Marktplatz ein unbekanntes Auto. Es bewegte sich nur zögernd voran,

als ob der Fahrer den Weg nicht kannte. Zuletzt bog es plötzlich in falscher Fahrtrichtung in die Straße ein, die am Brunnen vorbeiführte.

„Ja, spinnt der denn!" wetterte der Ordnungshüter. „Ich werde ihm hinterherfahren." Dabei fiel ihm auf, daß das Nummernschild des unbekannten Autos aus einer anderen Stadt stammte.

Auf dem Marktplatz konnte man nun ein seltsames Schauspiel beobachten. Das merkwürdige Auto fuhr ein paar Meter, hielt plötzlich vor diesem oder jenem Haus oder auch an einer Straßenecke und fuhr dann unentschlossen im Zickzackkurs weiter. Dabei folgte ihm das grüne Polizeiauto, das

all diese sonderbaren Manöver mitmachte. Genau wie der fremde Wagen fuhr es mal schneller, mal langsamer, hielt ab und zu an, um dann wieder schlagartig zu beschleunigen.

Das Knattern der beiden Motoren erweckte die Neugierde von Herrn Nähnachmaß, der trotz der späten Stunde noch an einem Anzug arbeitete. Er verließ seinen Schneidertisch, klappte die Fensterläden etwas auf und warf einen verstohlenen Blick nach unten.

Donnerlittchen! dachte der Schneider bei sich, als er die beiden Autos erblickte, die um den Brunnen kreisten. Was machen die denn bloß? Spielen die Räuber und Gendarm?... Aber, das ist doch das Polizeiauto! Was soll denn

wohl diese langsame Verfolgungsfahrt? Er verstand gar nichts und wunderte sich immer mehr. Wer ist denn überhaupt der Verfolger und wer der Verfolgte? Ist unser Polizist vielleicht hinter einem Dieb her?... Da! Jetzt tut sich etwas!

Und tatsächlich hatte Samuel Spürnase das sinnlose Herumfahren satt, beschleunigte plötzlich, überholte den unbekannten Wagen und keilte ihn zwischen sich und dem Bürgersteig ein.

Der Polizist stieg aus seinem Fahrzeug. Er schaute grimmig und zuckte entschlossen mit seinem Schnurrbart. Gebieterisch baute er sich vor dem fremden Wagen auf.

„Ihre Papiere bitte!" forderte er mit strenger Stimme.

Der Fahrer, ein wohlgenährtes Stachelschwein, war alles andere als verängstigt oder verärgert. Im Gegenteil! Mit dem Ausdruck größter Erleichterung reichte er dem Polizisten sofort seinen Führerschein, der völlig in Ordnung war. Name: Balduin Borstig, Foto, Adresse.

„Gut, sehr gut!" bemerkte der Polizist. „Herr Borstig, weshalb sind Sie auf der falschen Straßenseite über den Marktplatz gefahren? Haben Sie das Verkehrsschild denn nicht gesehen?"

„Nein", bekannte das Stachelschwein freimütig. „Wissen Sie, meine Familie und ich, wir haben uns bei dem Nebel nämlich verirrt."

„Wohin wollen Sie denn?" erkundigte sich Herr Spürnase.

„Zu Verwandten von uns, zur Familie Löwenzahn", gab Herr Borstig bereitwillig Auskunft. „Kennen Sie sie zufällig? Wir kommen von weit her, aus einem Dorf in den Bergen", erklärte er weiter. „Wir besuchen sie zum erstenmal und wissen nur, daß sie in einem ockergelben Häuschen wohnen."

„Richtig", bestätigte Herr Spürnase.

„Können Sie uns sagen, wie wir dorthin kommen?" erkundigte sich Herr Borstig.

„Sie fahren auf der anderen Seite des Marktplatzes vor dem Turm vorbei. Dann biegen Sie sofort nach rechts, und am Ende der kleinen Straße fahren Sie links ab. Sie kommen dann in eine Sackgasse, in der Akazien stehen. Ganz am Ende wohnen Ihre Verwandten."

„Vielen Dank", sagte das Stachelschwein und verbeugte sich höflich.

„Noch eine Frage", hielt der Polizist sie auf. „Wissen Ihre Verwandten denn von Ihrem Besuch?"

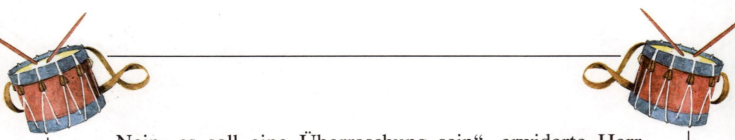

„Nein, es soll eine Überraschung sein", erwiderte Herr Borstig.

„Na, die gelingt Ihnen bestimmt", sagte Herr Spürnase ironisch mit einem Blick auf seine Uhr.

Die Stachelschweine machten sich auf den Weg. Nach fünf Minuten stiegen Herr und Frau Borstig, gefolgt von ihren zwei Söhnen und der kleinen Tochter, vor dem Haus der Familie Löwenzahn aus dem Auto. Sie waren froh, sich endlich einmal recken und strecken zu können.

Kein Licht drang aus den Fenstern, das Haus lag völlig dunkel da. Vielleicht schliefen sie schon...

Vater Borstig zog an der Klingelschnur. Unerwartet laut klang das Läuten durch die Stille. Im selben Augenblick ertönten die ersten Schläge von der Rathausuhr. Es war genau Mitternacht!

Besuch um Mitternacht

Dong! dong! dong! dong! Die letzten der zwölf Glockenschläge verhallten im Nebel. Nachdem die Rathausuhr verstummt war, herrschte wieder tiefe Stille im nächtlichen Möhrenfeld. Aber das war ja auch ganz normal für diese Uhrzeit, nicht wahr? Das einzig Unnormale war eine Stachelschweinfamilie, die vor dem Haus von Familie Löwenzahn ungeduldig von einem Fuß auf den anderen trat.

Herr Borstig hielt den Klingelzug fest in der Hand und betätigte die kleine Kupferglocke auf jede nur erdenkliche Weise. Doch hatte das durchdringende Klingeling, wie es

schien, keine Wirkung. Die ganze Kaninchenfamilie lag in tiefstem Schlaf.

Der Stachelschweinvater hielt es nun für ratsam, zu wirksameren Mitteln zu greifen. Mit aller Wucht schlug er mit seiner kräftigen Faust gegen die Haustür: Bum! Bum! Bum!

Der kleine Naseweis wurde plötzlich aus dem Schlaf gerissen und setzte sich in seinem Bett auf. Er rieb sich die verschlafenen Augen und spitzte die Ohren: Bum! Bum! Bum!

Es war kein Traum! Jemand klopfte an die Tür. Seltsam... Wer konnte das sein, mitten in der Nacht?

Naseweis war jetzt hellwach und geriet in ziemliche Aufregung. Wir kennen ihn ja schon, den aufgeweckten Kaninchensohn mit seiner grenzenlosen Abenteuerlust. Jedes ungewöhnliche Ereignis begeisterte ihn, und er stürzte sich kopfüber in jedes Abenteuer.

Hopp! Mit einem Satz raus aus dem Bett. Hopphopp! Viel zu ungeduldig, um sich die Pantoffeln erst noch anzuziehen, sauste er schon die Treppe hinunter.

Bum! Bum! Bum! Drei weitere Schläge ließen die Haustür erzittern.

„Wer ist da?" fragte Naseweis höflich. Auf seinem Posten hinter der verschlossenen Tür fühlte er sich recht sicher.

Eine laute, unbekannte Stimme gab ihm ausweichend Antwort: „Besuch!"

„Ein Augenblickchen, bitte!" sagte Naseweis artig.

In Windeseile rannte er die Treppe hinauf und stürzte in das Schlafzimmer seiner Eltern. Dort rief er, so laut er konnte:

„Papa, Mama, wacht auf! Wir haben Besuch!"

Herr Löwenzahn fuhr aus dem Schlaf hoch. Er hatte es gar nicht gern, wenn er so unsanft geweckt wurde, und schrie seinen Sohn an: „Du ungezogener Bengel, was ist denn in dich gefahren?" Dabei lief er vor Wut so dunkelrot an wie sein Kopfkissen.

Seine Frau dagegen war noch gar nicht richtig wach. „Wann läßt du endlich deine dummen Scherze sein?" seufzte sie und gähnte verschlafen.

„Aber es ist kein Scherz!" wehrte sich Naseweis. „Es ist wahr! Ich schwöre es!" beteuerte er hartnäckig.

„Besuch um Mitternacht? Das ist unmöglich", erklärte Herr Löwenzahn in einem Ton, der keinen Widerspruch duldete. „Marsch, ins Bett!"

„Aber es stimmt, so glaubt mir doch!" Naseweis ließ sich nicht davon abbringen.

Inzwischen stand Familie Borstig am Ende des Akazienweges abwartend in der Kälte und Finsternis und kam zu dem Schluß, daß das „Augenblickchen" schon ziemlich lang dauerte.

„Ich habe es dir ja gesagt, es wäre besser gewesen, viel besser, wenn wir unseren Besuch angekündigt hätten!" näselte Frau Borstig vorwurfsvoll.

„Ach was! Ich finde es viel lustiger, wenn es eine Überraschung ist", erwiderte der Stachelschweinvater lachend.

„Vielleicht hast du ja recht, mein Lieber", räumte Frau Borstig unwillig ein. „Aber durch deine Lust zu Überraschungen müssen wir jetzt wahrscheinlich unter dem Sternenzelt übernachten... Los, Kinder", wandte sie sich an die drei kleinen Stachelschweine, „wir steigen wieder ins Auto. Hier draußen ist es zu feucht!"

Durch sein beharrliches „Aber es stimmt doch" hatte Naseweis es schließlich geschafft: Zwar hatte er seine Eltern nicht überzeugt, aber das ganze Haus war jetzt wenigstens wach.

Sein kleiner Bruder, der sich im Dunkeln fürchtete, knipste in seinem Zimmer alle Lampen an. Paulinchen und Frieda, seine großen Schwestern, riefen vom Ende des Korridors: „Was ist denn los? Ist es schon Morgen? Wir möchten noch ein bißchen schlafen!"

Der Jüngste schließlich, der auf den Namen Benni hörte, saß aufrecht in seinem Bettchen, warf sein Spielzeug in die Luft und krähte lauthals vor Freude. Im ganzen Haus hörte man einen Mordskrach.

„Na gut!" gab Leo Löwenzahn nach. „Da ich bei diesem Lärm sowieso nicht schlafen kann, ziehe ich mir jetzt den Bademantel über und schaue mir diesen Besuch einmal genauer an."

Naseweis begleitete ihn, während Fips sich neugierig aus dem Fenster lehnte und vergebens versuchte, die merkwürdigen Besucher in der Finsternis zu erspähen.

Von außen wirkte das Haus, als ob innen ein großes Fest stattfände – aus allen Fenstern strahlte helles Licht in das Dunkel der Nacht.

Endlich öffnete sich die Haustür, und Herr Löwenzahn erschien in der Türöffnung. Um seinen guten Willen zu beweisen, machte er drei Schritte in den Garten. Dann legte er die Hände als Trichter um den Mund und rief mit leicht

spöttischer Stimme: „Besuch, wo bist du? Zeige dich!"

Zu seinem großen Erstaunen antwortete ihm eine vertraute Stimme: „Hier sind wir! Wir kommen!"

Im selben Moment trat Balduin Borstig, der mit großen Schritten auf und ab gegangen war, um nicht zu erfrieren, aus der Dunkelheit hervor.

„Balduin!?" rief Herr Löwenzahn, dem beinahe die Augen übergingen. „Träume ich denn? Was ist denn das? Seit deiner Hochzeit haben wir uns nicht mehr gesehen, und nun stehst du um Mitternacht hier plötzlich vor mir. Du alter Hallodri!"

„Und du Klugredner, bist du immer noch so vernünftig und überlegt wie früher?"

Die beiden Vettern scherzten und lachten ausgelassen. Sie

fielen sich in die Arme, machten fröhliche Witze und klopften sich gegenseitig auf die Schulter.

Da erinnerten sich beide plötzlich an ihre Familien. Herr Borstig lief zum Wagen, um Frau und Kinder zu holen. Herr Löwenzahn ging schnurstracks ins Haus, um den Seinen die gute Nachricht zu übermitteln.

Fünf Minuten später standen sich fünf Stachelschweine und sieben Kaninchen mitten im Wohnzimmer gegenüber.

Was für ein drolliger Anblick! Die Gastgeber waren ebenso verlegen und durcheinander wie die Gäste. Die einen waren noch schlaftrunken und standen in ihren Nachthemden da; die anderen waren völlig erschöpft von der Reise und hatten Straßenkleidung an.

Die beiden Frauen kannten sich kaum, die Kinder sahen sich zum erstenmal. Doch hielt die Verlegenheit nicht lange

an. Die Schüchternheit schmolz bald dahin wie Schnee an der Sonne.

„Wie heißt du?" fragte Naseweis den älteren der Stachelschweinbrüder.

„Tralala", antwortete dieser mit singendem Tonfall.

„Und ich Tralali", sagte sein Bruder, bevor er überhaupt gefragt wurde.

„Wollen wir nach oben in unser Zimmer gehen?" schlug Naseweis vor.

„Au ja!" stimmten die Stachelschweine begeistert zu.

Und schon stürmte die Rasselbande die Treppe hoch.

Sofort wurde die Spielzeugtruhe geplündert: Murmeln, Autos und eine kleine Eisenbahn kamen hervor. Die vier Buben hatten beim Spielen einen Heidenspaß! Man konnte kaum glauben, daß sie sich erst seit ein paar Minuten kannten.

Auch die kleine Stachelschweintochter Hoppsassa wurde herzlich aufgenommen. Paulinchen und Frieda nahmen sie mit in ihr Zimmer und stellten ihr sofort all ihre Hasenpuppen aus Plüsch und Stoff vor.

„Such dir eine aus!" forderte Paulinchen sie großzügig auf.

Hoppsassa wußte zunächst gar nicht, welche von den sieben ihr am besten gefiel. Eine war schöner als die andere! Dann

entschied sie sich für ein niedliches graues Hasenmädchen im gelben Kleid mit schwarzen Pünktchen.

Im Wohnzimmer entwickelte sich inzwischen ein lebhaftes Gespräch.

„Ihr habt doch sicher noch Gepäck im Auto! Wollen wir das nicht erst holen?" fragte Leo Löwenzahn plötzlich.

„Aber nein, wir wollen euch doch nicht zur Last fallen", lehnte der Stachelschweinvater ab. „Wir schlafen im Hotel."

„Davon kann überhaupt keine Rede sein!" schimpfte Herr Löwenzahn. „Wir freuen uns doch, wenn ihr unsere Gäste seid. Gehen wir, Balduin! Ich helfe dir beim Ausladen."

Nachdem die Männer das Haus verlassen hatten, nutzten die beiden Frauen die Gelegenheit, sich etwas besser kennenzulernen. Zuallererst beschlossen sie, sich zu duzen und mit dem Vornamen anzureden. Das war doch viel einfacher und herzlicher als „Frau Sowieso" und „Frau Soundso".

„Berta, hilfst du mir, das Zimmer für euch herzurichten?" fragte Frau Löwenzahn dann.

„Gern, Lotte!"

Die beiden Frauen gingen in die Mansarde. Es war ein großer, hell und behaglich eingerichteter Raum mit schönen Balken an der Decke.

Genau sechs Betten standen da nebeneinander aufgereiht, wie in einem Schlafsaal. Sie waren zwar etwas altmodisch verziert, aber alles andere als häßlich.

Im Nu hatten die beiden Frauen die Matratzen mit frischen Laken überzogen. Während sie die Kopfkissen und Daunendecken aufschüttelten, erkundigte sich die aufmerksame Gastgeberin: „Ihr habt doch sicher Hunger, oder?"

„Laß doch, Lotte, mach dir keine Umstände!"

„Unsinn! Ich weiß doch, wovon ich rede", widersprach Frau Löwenzahn. „Reisen macht hungrig, das ist doch bekannt."

Mit diesen Worten eilte sie auch schon in die Küche. Sie nahm eine Keksdose, zwei Marmeladengläser, selbstgebak-

kenes Brot und eine reichlich gefüllte Käsedose aus dem Schrank. Dann legte sie etwas Obst auf einen Teller und setzte das Teewasser auf.

„Jetzt decken wir noch den Tisch", sagte sie zu guter Letzt und breitete ein weißes Tischtuch aus. Teller, Besteck, Servietten, Gläser und Tassen waren schnell verteilt.

„Fehlt noch etwas? Ach ja, die Kerzen... Fertig! Jetzt müssen wir nur noch die anderen rufen." Fröhlich schallte die helle Stimme der Kaninchenfrau durchs Treppenhaus: „Der Tisch ist gedeckt! Kommt zum Essen!"

Welch heitere Gesellschaft war da zusammengekommen! Paulinchen zählte begeistert die Anwesenden.

„Eins, zwei, drei... zehn, elf, zwölf. Toll!"

Frieda schaute auf die Uhr.

„Viertel vor eins!" stellte sie aufgeregt fest. „Ich habe noch nie so spät gegessen!"

„Man nennt das einen Imbiß!" erklärte der Kaninchenvater.

„Einen Im-was?" fragten die Kaninchen- und Stachelschweinkinder wie aus einem Munde.

„Einen Imbiß. So heißt das, wenn man außer der Reihe etwas ißt, so wie wir das jetzt tun", antwortete Leo Löwenzahn geduldig.

„Hurra, es lebe der Imbiß!" jubelten die fünf kleinen Kaninchen und die drei kleinen Stachelschweine im Chor.

Trotz der späten Stunde gab es noch weitere Überraschungen für die Familie Löwenzahn. Balduin Borstig verschwand einen Augenblick und kam dann mit einer riesigen Tasche zurück. Für jeden hatte er ein Geschenk mitgebracht.

„Das ist für dich, liebe Lotte!" Und damit überreichte er Frau Löwenzahn eine Kuckucksuhr.

„Und das ist für den Herrn Klugredner: ein Hut aus unserer Heimat, dem Gebirge. Er steht dir bestimmt ganz ausgezeichnet!" Er hatte den Tirolerhut eigens für Herrn Löwenzahn ausgesucht.

Paulinchen und Frieda bekamen beide eine Bluse mit handgestickten Blumen darauf; für Naseweis und Fips hatte Herr Borstig Taschenmesser mitgebracht, und Benni erhielt eine Marionette aus lackiertem Holz.

Gelächter und Freudenrufe füllten den Raum, und bestimmt hatte niemand auch nur die geringste Lust, schlafen zu gehen – auch wenn der kleine Vogel in der Uhr bereits das erste „Kuckuck" des neuen Tages verkündete.

Wer findet die Nadeln von Herrn Nähnachmaß?

Während im Hause der Familie Löwenzahn in der gemütlich warmen und hellerleuchteten Küche eine ausgelassene Gesellschaft bei köstlichen Leckereien fröhlich das Wiedersehen feierte, verdichtete sich der Nebel draußen immer mehr. Er drang in alle Gassen und Gäßchen, quoll über die Kreuzungen, breitete sich auf dem Marktplatz aus und sank schwer auf die Dächer der kleinen Häuschen, deren Fenster dicht verriegelt waren. Alles war von einem undurchdringlichen Nebelschleier umgeben.

Doch wenn man etwas genauer hinsah, bemerkte man dort

hinten undeutlich einen Lichtschimmer, der durch den dichten Nebelvorhang drang. Richtig! Er kam aus dem Fenster im ersten Stock des Hauses direkt gegenüber dem Glockenturm von Herrn Hahnemann.

Dort wohnte der Schneider Nähnachmaß, ein alter, freundlicher Biber.

Aber warum schlummerte er um diese Zeit nicht schon tief und fest?

Litt er vielleicht an Schlaflosigkeit?

Oder hatte er Besuch, und das begonnene Spiel Monopoly wollte nicht enden?

Weder das eine noch das andere traf zu. Nein, der Schneider arbeitete noch!

Er hatte Herrn Ziegenbart, dem Bürgermeister von Möhrenfeld, für morgen einen neuen Anzug versprochen, und noch dazu wollte er ihn um neun Uhr morgens abliefern!

Aber warum mußte er dann unbedingt noch heute nacht daran arbeiten? Um ehrlich zu sein: Der Schneider hatte es vergessen! Er hatte in den letzten Tagen völlig vergessen, auf seinen Kalender und in das Auftragsbuch zu schauen. Erst an diesem Morgen war ihm die Bestellung wieder eingefallen! Aber das konnte auch leicht passieren. Denn es war schon lange her, seit der Bürgermeister in die Schneiderwerkstatt gekommen war, um Maß nehmen zu lassen und den Stoff auszusuchen, einen vornehmen, karierten Wollstoff.

Und wie weit war Herr Nähnachmaß mit seiner Arbeit? Der Anzug war bereits „geheftet". Die einzelnen Teile waren

also schon mit Reihgarn in groben Stichen zusammengenäht.

Der Biber Nähnachmaß, der etwas von seinem Handwerk verstand, hatte den Anzug dann auf eine Schneiderpuppe aus Stoff gehängt, die von einem Holzgestell getragen wurde.

Um besser zu sehen, ob die Form richtig war – ob der Anzug gut fiel, wie die Schneider sagen –, trat Herr Nähnachmaß einen Schritt zurück, neigte den Kopf, blinzelte mit den Augen und . . .

. . . er mußte einen zweiten Schritt machen. Es reichte immer noch nicht.

Ein weiterer Schritt . . . Krach! Bumm!

Der Schneider war gegen das Regal gestoßen, das an der Wand seiner Werkstatt stand.

O weh! Er hatte es schon lange reparieren lassen wollen. Denn das alte, wacklige Regal war überall aus dem Leim gegangen und an vielen Stellen angeknackst. Und nun war es durch den Stoß endgültig zusammengebrochen! Eine Lawine von allen möglichen Gegenständen donnerte mit Getöse von oben herab und begrub den Schneider unter sich.

Bücher, Listen und Hefte wirbelten durcheinander und verteilten sich im ganzen Raum. Modehefte und Ordner voller Zeichnungen landeten mit dumpfem Schlag auf dem Boden, und zahllose einzelne Blätter segelten bis in die hinterste Ecke. Packen von Stoffmustern und Kartons mit bunten Stoffresten krachten herunter . . . Es wollte kein Ende nehmen! Rechts und links lagen auseinandergerollte Stoffballen, die sich ineinander verheddert hatten. Dazwischen häuften sich Stoffvorräte, die bis eben noch – fein säuberlich nach Art und Farbe gestapelt – auf dem Regal gelegen hatten. Und auch die stattliche Sammlung wertvoller Zinnbecher blieb

nicht verschont! Nun rollten sie über den Fußboden und machten dabei einen ohrenbetäubenden Radau.

Was für ein Durcheinander!

Im Stockwerk darunter, also im Erdgeschoß, schreckte Fräulein Adebar aus dem Schlaf. Vor Angst schlug ihr das Herz bis zum Halse. Sofort knipste sie die Nachttischlampe an. Entsetzt und verwirrt blickte sie hoch zur Zimmerdecke und bemerkte dabei, daß der Leuchter hin und her schaukelte.

„Das ist nur eine Täuschung!" murmelte sie, um sich selbst zu beruhigen, während ihr ein kalter Schauer den Rücken hinunterlief. „Was ist los? Ein Erdbeben?"

Sie kniff die Augen zu und öffnete sie wieder, sie klapperte

mit dem langen Schnabel, sie reckte den Hals und schüttelte ihre Federn ... Kein Zweifel – sie war hellwach! Es handelte sich nicht um einen bösen Traum. Der Leuchter über ihrem Bett schwang wie eine Schaukel hin und her!

Was tun? Fräulein Adebar war zu Tode erschrocken. Im ersten Moment wollte sie sofort wieder unter ihre Daunendecke kriechen und dort das Ende des bösen Traumes abwarten ...

Ganz anders und viel vergnügter war die Reaktion im zweiten Stock. Dort wohnte eine Familie von Foxterriern, die aus Vater, Mutter und drei quirligen Kindern bestand.

Diese hatten, nachdem sie von dem Heidenlärm in der Wohnung des Schneiders unsanft aus ihren Träumen gerissen worden waren, erst einmal das Licht in ihrem Zimmer eingeschaltet. Sie jauchzten vor Freude über dieses unerwartete Ereignis und kletterten lachend aus ihren Stockbetten. Der neugierigste von ihnen preßte sein Ohr gegen den Fußboden, um die Ursache für diesen Höllenspektakel herauszufinden ...

Nach fünf Minuten versammelten sich die Nachbarn auf dem Treppenabsatz vor der Wohnungstür des Schneiders. Die gesamte Familie Schnauz – Vater, Mutter und die drei aufgeregten Hundekinder – kam von oben anmarschiert. Fräulein Adebar hatte schließlich auch all ihren Mut zusammengenommen und beschlossen, den wärmenden Schutz ihres Bettes zu verlassen, um der Sache nachzugehen.

Sie mußten vor der Tür des Schneiders nicht lange warten. Er öffnete sofort unter tausend Entschuldigungen, beschämten Verbeugungen und Erklärungen.

„Ich bin untröstlich, wirklich untröstlich, daß ich Sie geweckt habe", wiederholte er bereits zum siebtenmal mit gesenktem Haupt. „Ich bin zutiefst betrübt ... zutiefst. Es tut mir unendlich leid ... Ich bedaure aufrichtig ...", stammelte er hilflos.

Während er sich immer und immer wieder entschuldigte, bemerkte Frau Schnauz, daß der Schneider, im Gegensatz zu allen anderen, keinen Schlafanzug trug, sondern noch seine Arbeitskleidung anhatte.

„Merkwürdig ..." Sie wunderte sich.

Der Biber berichtete seinen Nachbarn nun, was sich in seiner Wohnung zugetragen hatte. Er erzählte von dem Anzug, der bis zum nächsten Morgen fertig sein mußte, von dem verhängnisvollen Zusammenbruch des Regals, von dem unglaublichen Durcheinander in seiner Werkstatt ...

112

„Das kann man sich gar nicht vorstellen! Schauen Sie es sich nur an", forderte er die Nachbarn auf und ging ihnen voraus.

Einer nach dem anderen – Fräulein Adebar, das Ehepaar Schnauz und ihre drei kleinen Söhne – betrat nun die Werkstatt des Schneiders. Der erschütternde Anblick, der sich ihnen dort bot, machte sie sprachlos.

„So muß es nach einem Erdbeben aussehen!" murmelte Fräulein Adebar mitleidig und dachte dabei an ihren ersten Schreck nach dem Aufwachen. „Armer Herr Nähnachmaß!"

Herr Schnauz, der den Schneider gern aufgeheitert hätte, versuchte einen Scherz.

„Das war ganze Arbeit, werter Herr Nachbar!"

„Richtig", stimmte der Biber ihm völlig entmutigt zu. „Und das schlimmste ist, daß ich meine Nadeln nicht mehr finde.

Und das ist natürlich bei einer solchen Unordnung so, als wollte man Stecknadeln im Heuhaufen suchen." Er war ganz verzweifelt. "Es ist schrecklich. Der neue Anzug für Herrn Ziegenbart wird bestimmt nicht rechtzeitig fertig!"

"Ich kann Ihnen Nadeln leihen", bot Fräulein Adebar ihm hilfsbereit an.

"Das ist sehr freundlich von Ihnen", bedankte sich der Biber. "Aber ich benutze besondere Nadeln. Mit anderen kann ich nicht arbeiten."

"Dann helfen wir Ihnen eben bei der Suche!" schlug Frau Schnauz, die bisher kein Wort gesagt hatte, freundlich vor.

Gesagt, getan! Alle gingen sofort eifrig ans Werk.

Ohne große Worte oder weitere nutzlose Fragen begannen sie mit Feuereifer und unermüdlichem Fleiß, zu sortieren, zu

stapeln, zu schichten, zu räumen, zu entwirren, zu ordnen... Von den Nadeln keine Spur!

Die Zeit eilte nur so dahin... Herr Nähnachmaß warf immer verzweifeltere Blicke auf die Uhr.

„Halb zwei! Es ist entsetzlich!" murmelte er. Er schüttelte traurig den Kopf und runzelte die Stirn. „Das kann ich niemals schaffen. Aber ich habe es doch versprochen...", seufzte er jammervoll.

„Beruhigen Sie sich!" murmelte Fräulein Adebar beschwörend.

„Verlieren Sie nur nicht den Mut! Kopf hoch!" redete Frau Schnauz ihm gut zu. „Wir werden Ihre Nadeln schon finden. Ich weiß es, ich spüre es. Hören Sie auf meinen Rat: Man darf die Hoffnung nicht aufgeben, niemals!"

Diese beruhigenden Worte taten ihre Wirkung, und der arme Schneider faßte wieder neuen Mut.

„Juhu! Ich habe sie gefunden!" schrie auf einmal einer der kleinen Foxterrier. Er sprang auf und hielt stolz das schmerzlich vermißte Nadelkissen in die Höhe.

Es war reiner Zufall gewesen, daß er sie gefunden hatte! Als er keine Lust mehr zum Suchen hatte, grub er zum Spaß einen Tunnel durch die Berge von Büchern und Stoff – und stieß dabei auf die kostbaren Nadeln!

Herr Nähnachmaß schöpfte plötzlich wieder Hoffnung und neue Kraft.

„Nun aber an die Arbeit! Ich weiß nicht, wie ich euch danken soll, liebste Nachbarn! Und vor allem, wie soll ich dir danken, kleiner Freund? Ohne euch wäre ich verloren gewesen. Jetzt muß ich mich aber sputen, ich habe keine Minute mehr zu verlieren. Ich wünsche euch allen eine gute Nacht! Und Entschuldigung nochmals, daß ich euch geweckt habe!"

„Wir haben nicht die Absicht zu gehen, Herr Nähnachmaß!" erklärte Frau Schnauz mit Bestimmtheit. „Wir rühren uns hier nicht vom Fleck, bis Ihr Anzug fertig ist."

Fräulein Adebar schloß sich an: „Ja, ich helfe auch. Ich kann das Garn einfädeln und die Knöpfe annähen."

„Ich gehe kurz hoch und mache uns einen schönen starken

Kaffee", sagte Frau Schnauz. „Den können wir alle gut gebrauchen!"

„Aber nicht doch, machen Sie sich doch nicht solche Umstände!" entgegnete der Biber. „Sie sind zu freundlich! Das kann ich ja gar nicht annehmen..."

„Unsinn!" erwiderte Frau Schnauz. „Verschwenden Sie nicht Ihre kostbare Zeit mit sinnlosem Gerede. Ich komme sofort wieder!" Und schon verließ sie mit ihren Kindern die Wohnung.

Kurz darauf kamen sie alle wieder anmarschiert. Ein lustiger Anblick! Vornweg ging Mutter Schnauz mit einer Kanne dampfendem Kaffee, der in der ganzen Werkstatt einen köstlichen Duft verbreitete. Hinter ihr kamen die drei

Kleinen anmarschiert, jeder eine buntbemalte Blechbüchse in der Hand: In der ersten waren Kekse, in der zweiten Schokolade und in der dritten Blechbüchse kandierte Früchte und Marzipan.

Herr Nähnachmaß, der seinen Mut und die gute Laune wiedergefunden hatte, machte sich mit großem Fleiß ans Werk. Die Arbeit ging rasch voran. Dann und wann trällerte der Schneider sogar ein Liedchen, was bestimmt ein gutes Zeichen war.

Eh der Schneider sich's versah, war der Anzug für Herrn Ziegenbart fix und fertig. Und nicht nur das: Er paßte haargenau und war wunderbar gelungen!

Herr Schnauz und seine drei Söhne waren längst nach oben gegangen und schliefen schon. Seine Frau und Fräulein Adebar dagegen saßen noch immer in der Werkstatt des Schneiders. Sie betrachteten mit zufriedener Miene das Meisterwerk, zu dem sie auf ihre Weise beigetragen hatten.

Der alte Biber fand keine Worte. Er war vor Dankbarkeit zu Tränen gerührt und murmelte nur: „Das war heute abend wie ein schöner Traum. Einfach ein schöner Traum!"

Frau Pimpernell
auf Schatzsuche

Die berühmte Pension *Glyzinie* war weit und breit für ihre Ruhe und friedliche Atmosphäre bekannt. Und das mit Fug und Recht! Jeden abend um neun Uhr zogen sich die Gäste auf ihre Zimmer zurück, und um zehn Uhr waren alle Lampen gelöscht.

Frau Pia Pimpernell, die Leiterin der Pension, kam von der Chorprobe nach Hause und stellte zufrieden fest, daß wieder einmal alles in bester Ordnung war.

„Man könnte fast meinen, meine kleine Pension wäre ein Erholungsheim", frohlockte sie im stillen.

Erholung? Stimmte das wirklich? Vielleicht, aber nur für

die anderen! Es war schon zwei Uhr morgens, und die Hühnerdame war noch immer nicht eingeschlafen. Sie wälzte sich in ihrem Bett von einer Seite auf die andere und wartete sehnsüchtig darauf, daß ihr endlich die Augen zufielen... Der Schlaf wollte sich einfach nicht einstellen! Jeder Knacks im Gebälk, jedes noch so leise Geräusch ließ sie erneut hochschrecken.

Woran lag es denn bloß? Sie suchte nach einer Erklärung: Vielleicht hatte sie heute abend zuviel gesungen. Oder war der Nebel daran schuld? Konnte es sein, daß das Pflaumenkompott ihr nicht bekommen war?

Was mache ich denn nur? Ich kann doch nicht die ganze Nacht wach liegen, überlegte sie. Morgen muß ich doch bei Kräften sein! Es gibt viel Arbeit, ich muß ja den Sonntagsbraten für meine Gäste vorbereiten. Jetzt ist Schluß! Ich mache mir einen Kamillentee, der hilft bestimmt.

Um den Schlaf ihrer Gäste nicht zu stören, schlich sie auf Zehenspitzen die große Holztreppe hinunter. Dabei versuchte sie, sich ganz leicht zu machen – vergebens! Jede einzelne Stufe knarzte laut und vernehmlich.

„Ach, du gute, alte Treppe", seufzte sie nachsichtig, „warum mußt du nur immer so vorlaut sein!"

In der Küche angelangt, machte Frau Pimpernell sogleich ihren Tee. Während er zog, wanderten ihre Gedanken zurück in die Vergangenheit. Sie dachte an all die Gäste, die in den hübschen, etwas altmodisch eingerichteten Zimmern übernachtet hatten, an die zahlreichen Stammgäste, die im Laufe der Zeit ihre Freunde geworden waren. Viele frohe Stunden

kamen ihr in den Sinn: gemütliche Winterabende in dem behaglichen Salon, heitere Sommernachmittage auf der Terrasse im Schatten der blühenden Glyzinie . . .

Während Frau Pimpernell so nachdachte, grübelte und träumte, war sie wieder völlig wach geworden. Und der Tee hatte nicht die erhoffte Wirkung!

Wenn es nun schon so ist, dachte die weise Hühnerdame bei sich, hat es gar keinen Sinn, daß ich mich ärgere. Ich gehe jetzt zurück in mein Zimmer und bringe meinen Schreibsekretär in Ordnung, beschloß sie. Sonst komme ich nie dazu. Und jetzt kann ich in aller Ruhe arbeiten, ohne daß mich jemand stört . . .

Nachdem sie ihre Zimmertür leise hinter sich geschlossen hatte, setzte sich Frau Pimpernell sofort an ihren Sekretär. Sie öffnete diese und jene Schublade, warf einen flüchtigen Blick hinein und schloß sie wieder. In welcher Schublade sollte sie mit dem Aufräumen beginnen?

Ratlos zog sie mehrere Schubladen auf, schaute prüfend hinein und schob sie dann wieder zu. Ganz vertieft war sie und wollte soeben die Schublade auf der rechten Seite wieder schließen, als sie einen gewissen Widerstand spürte. Ohne es zu wissen, hatte Frau Pimpernell eine Vorrichtung betätigt und damit ein Geheimfach geöffnet!

Welche Aufregung! Die Pensionsleiterin zitterte wie Espenlaub, die Federn standen ihr zu Berge. Sie fühlte sich wie die Heldin einer Abenteuergeschichte. Natürlich platzte sie fast vor Neugierde! Was verbarg sich wohl in dieser Schublade? Atemlos zog sie sie nochmals behutsam heraus und warf einen begierigen Blick hinein.

In der Schublade lag . . . ein Heft. Nur ein Heft in einem

lavendelblauen Einband, das mit einer rosa Seidenschleife zugebunden war. Man kann sich vorstellen, daß die Hühnerdame ein klein wenig enttäuscht war. Einen Moment lang hatte sie sich ausgemalt, in der geheimnisvollen Schublade kostbaren Schmuck zu finden, Armbänder und Ketten mit Diamanten, Ringe, wie sie sie aus Märchenerzählungen kannte, prachtvolle Juwelen – aber doch kein ganz normales Heft!

Dennoch war die Enttäuschung bald verflogen, die anfängliche Neugier kehrte zurück. Was war das für ein Heft? Wem hatte es gehört? Was stand wohl darin geschrieben? War es ein Rechnungsbuch? Eine Gedichtsammlung? Oder vielleicht ein Zeichenheft?

Tausend Vermutungen schwirrten der Hühnerdame durch den Kopf. Verwirrt löste sie die rosa Seidenschleife, um endlich das Geheimnis zu lüften.

Es war ein Tagebuch, das mit ganz vergilbten Fotografien und einfachen Zeichnungen ausgeschmückt war – das Tagebuch ihrer Großtante Henrietta vom Hahnhof. Frau Pimpernell hatte die Schwester ihrer Großmutter väterlicherseits niemals kennengelernt, aber ihre Eltern hatten viel von ihr erzählt.

Auf der ersten Heftseite stand, mit akkurater, schwungvoller Handschrift geschrieben: „Dies ist mein Tagebuch..." Die Hühnerdame war sofort gefesselt und schaute nur noch vom Text auf, um die Fotografien genauer zu betrachten.

Das Tagebuch begann so:

Mai 1905

Mein Name ist Henrietta vom Hahnhof. Dies ist mein Haus, seit ich den Mann heiratete, der hier wohnte: Traugott vom

Hahnhof. Wir feierten unsere Hochzeit im Garten – es war ein strahlend schöner Tag! Die Jasminblüten verbreiteten einen lieblichen Duft, ein sanfter Frühlingswind spielte mit meinem Brautschleier. Ich trug ein sehr schönes Kleid, das ich selbst genäht und bestickt hatte. Die Musiker spielten mit ihren Geigen herrliche Melodien, und wir tanzten bis spät in die Nacht.

Oktober 1905

Einige Monate sind vergangen. Mein Gemahl, der als Vertreter für einen Krawattenhersteller arbeitet, ist oft auf Reisen. Ich bin viel allein und habe daher den Entschluß gefaßt, meine Gedan-

ken, Gefühle und Träume und auch die täglichen Ereignisse in diesem Heft niederzuschreiben.

Um etwas Ruhe zu haben, ließ ich einen Schreibtisch in den Gartenturm bringen.

„Der Turm steht heute noch", stellte Frau Pimpernell fest. „Ich sollte dort endlich einmal Unkraut jäten!"

März 1906
Ich wollte die Hauswand neben der Terrasse etwas verschönern. Deshalb pflanzte ich am Fuße der Mauer eine Glyzinie.

Mein Cousin fotografierte mich bei der Gartenarbeit: An diesem Tag trug ich einen neuen Strohhut aus Italien.

Hoffentlich wächst meine kleine Glyzinie einmal zu einem schönen Strauch heran!

„Und ob!" rief die Hühnerdame laut aus und schaute vom Tagebuch auf. „Riesig ist sie geworden! Inzwischen bedeckt sie ja die ganze Hauswand und erfreut mit ihren duftenden bunten Blüten alle meine Gäste."

April 1906
Da er weiß, wie wichtig mir die Musik ist, hat mir mein geliebter Mann ein Klavier geschenkt. Wie glücklich ich bin! Jetzt kann ich endlich meine Lieblingslieder singen und selbst die Melodie dazu spielen.
Bei seiner Ankunft sorgte das Klavier für weitere Aufregung:

Es war zu groß und verklemmte sich in der Haustür. Die Männer, die es gebracht hatten, trugen es dann unter größten Anstrengungen zum Terrasseneingang. Von dort ließ es sich hineintragen, aber sie mußten die Glastür zum Wohnzimmer aushängen. Was für ein Tag!

Frau Pimpernell legte das Heft einen Augenblick beiseite und lächelte versonnen.

„Ach, so ging das! Und ich hatte mich immer gewundert, wie das Klavier ins Haus gelangt war. Jetzt weiß ich es endlich!"

Sie schlug das Tagebuch wieder auf und blätterte hastig ein paar Seiten weiter. Ihr Blick fiel auf das Datum

Frühjahr 1907

Wir fahren nach Amerika! Mein Mann Traugott hat es satt, weiter Krawatten zu verkaufen. Nun möchte er sein Glück in diesem wunderbaren Land versuchen.

Wie wird es mir dabei wohl ergehen? Wer hätte das vorausgesagt! Jetzt werde ich eine Abenteuerin!

Vor der Abreise werde ich meine Schätze im Garten vergraben. Sie sind nicht viel wert, aber es sind Gegenstände, an denen ich hänge und die ich nicht mitnehmen kann. Ich möchte, daß sie hier bleiben und sicher aufbewahrt sind. Deshalb werde ich sie in eine kleine Truhe legen und im Garten unter dem Rasen vergraben.

Am Tag nach Vollmond

Die Tat ist vollbracht: Ich habe meine Schätze mitten auf der Wiese vergraben. Um sie später wiederfinden zu können, hinterlasse ich einen Lageplan und einige Angaben:

– von der untersten Treppenstufe dreizehn Schritte in Richtung Kastanienbaum gehen,

– etwa siebzig Zentimeter tief graben,

– die Truhe mit meinen Schätzen befindet sich in einer Kiste aus Metall.

„Unglaublich, ein richtiger Schatz!" Frau Pimpernell war ganz aufgeregt. Das Herz wollte ihr schier zerspringen. „Was für eine Überraschung! . . . Ein richtiges Abenteuer! Eigentlich hätte ich Lust, sofort in den Garten zu gehen. Aber es ist ja Nacht . . . Ich könnte meine Gäste aufwecken . . . Außerdem ist es noch dunkel, und neblig dazu . . . Ich könnte ja überhaupt nichts sehen!" Sie fuhr fort, laut zu überlegen: „Ich

frage mich, ob der Schatz von Großtante Henrietta noch da ist... Und da bin ich nun jahrelang über diesen Rasen gegangen, habe Gemüse angepflanzt, die Erde umgegraben, meine Blumenbeete angelegt – ohne auch nur einen Augenblick zu ahnen, daß ich so nahe an einem Schatz war! Ich kann es kaum erwarten!"

Sie platzte beinahe vor Neugier und Ungeduld und las weiter in dem Tagebuch ihrer Großtante.

Juni 1908

In acht Tagen gehen wir an Bord eines großen Dampfers, der den Namen Wagemut *trägt. Ich kann es noch gar nicht fassen, obwohl meine Koffer heute schon auf die Reise gegangen sind, damit sie rechtzeitig verladen werden können. Amerika – wie weit entfernt das ist! Auf der anderen Seite des großen Ozeans, viele, viele Meilen weit weg!*

Möge Gott uns vor Stürmen schützen!

Meine Schwester Jolanthe wird mit ihrem Mann in dieses Haus ziehen.

Ich weiß nicht, wann ich wiederkehre, vielleicht niemals…

Heute werde ich dieses Tagebuch in einem Geheimfach meines Sekretärs verstecken. Wer wird es wohl eines Tages finden? Und wann wird das sein? Ich weiß es nicht…

Auf ins Abenteuer!

Frau Pimpernell schloß das lavendelblaue Heft und begann von vergangenen Zeiten zu träumen. Sie wußte, daß die Großtante Henrietta nicht mehr aus Amerika zurückgekehrt war. Sie hatte dort noch lange glücklich und zufrieden gelebt.

    Also, dachte sie nach, die Truhe muß immer noch im Garten sein, denn ich bin ja die erste, die das Tagebuch von Großtante Henrietta liest. Wenn es doch schon heller Morgen wäre!

    Sie war so ungeduldig und gespannt, daß sie die ganze Nacht kein Auge mehr zutat.

    Könntet ihr denn schlafen, wenn ihr an Frau Pimpernells Stelle wärt?

Schritte in der Nacht

Es war genau drei Uhr morgens. Endlich schien das Städtchen, das immer noch von dichtem Nebel umhüllt war, friedlich zu schlafen. Kein Auto war unterwegs, kein Fußgänger war zu sehen... Aber das war ja auch zu dieser späten Stunde nicht weiter verwunderlich! Jetzt schliefen sie alle, die Einwohner von Möhrenfeld, die einen selten aufregenden und ereignisreichen Abend hinter sich hatten.

Nun, um genau zu sein, war die Werkstatt des Schneiders Nähnachmaß noch immer erleuchtet. Wahrscheinlich war der Anzug für den Bürgermeister Ziegenbart noch nicht ganz fertig. Und auch aus dem Zimmer von Frau Pimpernell schimmerte noch Licht, denn sie konnte ja vor lauter Aufregung über ihre Schatzsuche nicht einschlafen. Aber das waren die beiden einzigen Ausnahmen. Ansonsten herrschte überall tiefe Stille in der stockdunklen Nacht.

Überall..., außer im Häuschen der Familie Rosig. Was ging dort vor? Sicher, alle schliefen tief und fest. Aber Stille? Davon konnte überhaupt nicht die Rede sein!

Denn Herr Rosig schnarchte. Er schnarchte so laut wie eine Trompete. Es war das kräftigste, dröhnendste und durchdringendste Schnarchen, das man je gehört hatte.

Es drang aus dem Elternschlafzimmer, verbreitete sich in

der ganzen Wohnung und brachte die Wände zum Erzittern. Doch damit nicht genug: Herr Rosig war nicht allein mit dieser Angewohnheit. Denn auch seine Frau Rosemarie hielt kräftig mit. Sie lag gerne weich. Ihr Bett quoll über von bestickten und mit Spitzen besetzten Kissen und Kißchen. Und sie war etwas verfroren. Deshalb deckte sie sich immer mit Bergen von wärmenden Wolldecken zu. Aber all diese Kissen und Decken schafften es nicht, ihr Schnarchen zu dämpfen. Dröhnend schallte es durch die Wände, und war im ganzen Korridor zu hören.

Aber es war ein ganz anderes Schnarchen als das ihres Mannes: Im Gegensatz zu ihm schnaufte, seufzte, grunzte

und quiekte sie in allen Tonlagen, machte immer wieder kleine Pausen und legte dann erneut mit aller Kraft los.

Heute nacht aber war es nicht das Schnarchkonzert der Eltern, das den kleinen Dickie aus dem Schlaf riß. Nein, es war ein leises Klopfen, das von draußen kam. Tap, tap, tap... Waren da nicht Schritte im Garten?

Tap, tap, tap... Es war ein unbekanntes, unerklärliches, unheimliches Geräusch, etwas, das Dickie nie zuvor gehört hatte. Ein leises, lästiges, angsterregendes Geräusch. Tap, tap, tap...

Verwirrt und verängstigt kletterte das Schweinchen aus dem Bett, wagte sich hinaus auf den Korridor und tapste hinüber ins Schlafzimmer der Eltern. Um sich vor der Kälte, vielleicht auch vor einer drohenden, unbekannten Gefahr zu schützen, hatte Dickie sich in seine Daunendecke gewickelt. Außerdem hatte er sein Stoffschweinchen mitgenommen, von dem er sich nie trennte.

Das unglaubliche Schnarchkonzert seiner Eltern fiel dem

kleinen Dickie gar nicht mehr auf. Alles, was er hörte, war dieses leise Tap, tap, tap, das ihn überallhin verfolgte.

Dickie rüttelte zuerst seine Mama auf. Zusammen rüttelten die beiden Papa Rosig wach, und sofort wurde im Elternschlafzimmer ein regelrechter Kriegsrat abgehalten.

Herr Rosig öffnete das Fenster. Tap, tap, tap... Kein

Zweifel! Ganz deutlich hörte er im Garten jemanden herumlaufen. Die Lage war ernst!

Herr Rosig holte tief Luft und rief, so laut er konnte: „Wer ist da?"

Niemand antwortete.

Da! Wieder diese Schritte: Tap, tap, tap . . .

„Jetzt reicht es!" erklärte Herr Rosig empört. „Ich werde der Sache auf den Grund gehen."

Er war fest entschlossen und wollte sich soeben auf den Weg machen.

Da hielt seine Frau ihn zurück. „Warte, mein Schatz! Ich komme mit!" rief sie heldenhaft.

„Ich auch, wartet, ich will auch mit!" quiekte Dickie. Sein Mut und sein Unternehmungsgeist waren erwacht. In der Gegenwart seiner Eltern fühlte er sich sicher und fand das Abenteuer inzwischen ganz lustig. Und dann wollte er auch nicht mutterseelenallein in dem großen Haus zurückbleiben.

Die drei zogen sich in aller Eile warme Sachen über ihre Schlafanzüge.

„Es ist kalt draußen", mahnte der Papa. „Wickelt euch gut ein!"

Er selbst hatte sich bereits so dick angezogen, als ob er zum Nordpol reisen wollte.

Seine Frau, die nur allzu leicht eine Mandelentzündung bekam, hatte sich etliche Schals und Tücher um den Hals geschlungen. Dazu band sie sich ein geblümtes Kopftuch um, denn sie erkältete sich leicht die Ohren.

Dickie dagegen hatte beschlossen, lieber unter seiner Decke zu bleiben. Dort fühlte er sich sicher und geschützt, wie eine Schildkröte in ihrem Panzer.

Wie Vogelscheuchen sahen die drei nun aus!

Sie machten sich auf den Weg. Sicher, in ihrer Verkleidung waren sie nicht sehr beweglich. Aber dafür schauten sie wild entschlossen drein: Sie wollten diesen Schurken schon verjagen, der sich nachts in ihrem Garten herumtrieb!

Nachdem sie die Treppe zum Erdgeschoß endlich hinter sich hatten, gingen sie in die Küche, um sich mit Suppenkelle und Nudelholz zu bewaffnen. „Man kann ja nie wissen!" sagte die kluge Frau Rosig.

Nun waren die drei bestens für ihr Abenteuer ausgerüstet, und nichts konnte sie mehr zurückhalten!

Herr Rosig schob die schweren Riegel der Haustür beiseite, und ohne auch nur einen Moment zu zögern, schritt die

Schweinefamilie in die tiefschwarze Nacht hinaus.

Sofort verlor das Abenteuer allerdings seinen Reiz – eine Eiseskälte schlug ihnen entgegen! Die Feuchtigkeit kroch unter ihre Kleider. Und natürlich ist es auch kein besonderes Vergnügen, um drei Uhr früh im Garten herumzuspazieren, wenn die Schatten noch schrecklicher aussehen, die Geräusche noch geheimnisvoller werden, wenn die Stille noch tiefer, die Stimmung noch gruseliger, die Dunkelheit noch dunkler wird. Frau Rosig lief eine Gänsehaut über den Rücken, sie zitterte am ganzen Leib.

„Du gehst besser wieder ins Haus, meine Liebe", riet ihr der besorgte Ehemann.

„Ich denke nicht im Traum daran!" widersprach Mama Rosemarie mit Entschlossenheit. „Ich bleibe an deiner Seite!"

„Ich auch, ich bleibe auch hier!" beteuerte Dickie mit Eifer.

Da! Tap, tap, tap ... Tap, tap, tap ... Die merkwürdigen Schritte waren jetzt ganz deutlich zu hören.

„Wer ist da?" rief Herr Rosig zum zweitenmal.

Außer dem alten Wetterhahn auf dem Dach, der sich knarrend im Winde drehte, war nichts zu hören.

Nun hatte der unerschrockene Herr Rosig aber genug!

„Ich lasse mich doch nicht zum Narren halten!" schrie er aufgebracht gegen den Wind an. „Dir werde ich es schon zeigen!" Er drehte sich zu seiner Frau um und flüsterte ihr zu: „Die Schritte sind jetzt hinter dem Haus. Ich schaue nach ... Bleib schön ruhig, und warte hier auf mich!"

Auf der Vorderseite des Hauses von Familie Rosig erstreckten sich von der Haustür bis zur Hecke zwei schöne Wiesen, zwei sorgfältig gemähte grüne Teppiche, zwischen denen ein schnurgerader Kiesweg verlief. Hinter dem Haus lag ein riesiger Garten, der so ordentlich angelegt war wie ein Park. Dahinter begann dann der Obst- und Gemüsegarten.

Herr Rosig knipste die Taschenlampe an, die er klugerweise mitgebracht hatte, und marschierte los. Kühn und zu allem entschlossen bog er um die Hausecke und verschwand in Richtung Garten.

Seine Schritte knirschten im Kies. Und ganz deutlich waren auch die anderen, geheimnisvollen Schritte zu hören: Tap, tap, tap ...

Mama Rosig und ihr Söhnchen Dickie warteten inzwischen vor dem Haus; sie wagten kaum zu atmen. Ängstlich klammerten sie sich aneinander und fragten sich im stillen, warum sie sich nur auf ein solches Abenteuer eingelassen hatten.

„Um Himmels willen, hoffentlich geschieht deinem Papa

nichts", seufzte Frau Rosig besorgt. „Wenn sich nun ein paar Räuber im Garten verstecken?"

Dickie wußte genau, daß es Räuberbanden nur in Abenteuerbüchern gab, aber er wollte seiner Mama in diesem schlimmen Augenblick nicht widersprechen.

Plötzlich wurde die bedrückende Stille durchbrochen – ein lautes, herzhaftes Gelächter schallte durch die Nacht. Das war das Lachen von Herrn Rosig!

Mama Rosig schaute fragend Dickie an. Dickie schaute fragend seine Mama an. Sie wußten nicht, was sie dazu sagen sollten.

Nun verstanden sie gar nichts mehr. Aber ihnen blieb auch keine Zeit für Vermutungen. Denn schon hörten sie Herrn Rosig, der sie herbeirief. „Kommt und schaut euch das an! Ich bin hier, bei den Fliederbüschen!"

Eilig trabten die beiden los und wagten sich in den dunklen Garten. Im Nu waren sie bei Herrn Rosig angelangt.

Er empfing sie mit lautem Lachen. „Schaut doch nur!" Wieder platzte er los. „Schaut, was ich gefunden habe!"

Er leuchtete mit seiner Taschenlampe auf den Wasserhahn, der das Wasser zum Blumengießen lieferte. Aus dem Hahn, der nicht ganz zugedreht war, kam immer wieder ein Wassertröpfchen heraus, platschte auf ein trockenes Blatt und erzeugte damit das rätselhafte, gespenstische Tap, tap, tap ...

Das war alles. Das hatte die ganze Familie Rosig in Angst und Schrecken versetzt. Da mußte man doch wirklich lachen!

„Für diese drei Wassertropfen habe ich mein gemütliches, warmes Bett verlassen!" sagte Herr Rosig belustigt.

„Für diese drei Wassertropfen haben wir uns bis an die Zähne bewaffnet!" scherzte Frau Rosig, die erleichtert war, daß die Sache ein so gutes Ende genommen hatte.

„Wegen dieser drei Wassertropfen hatte Mama Angst, im Garten wäre eine ganze Räuberbande!" Dickie hielt sich den Bauch vor Lachen.

Lachend und scherzend ging die Familie zurück ins Haus. Schwungvoll schlug Vater Rosig die Tür hinter sich zu.

„Leise, mein Schatz", mahnte seine Frau ihn liebevoll, „sonst weckst du noch die ganze Nachbarschaft!... Was für eine Aufregung!" Sie hatte sich immer noch nicht beruhigt. „Um vier Uhr morgens spazieren wir im Garten herum, als ob wir nichts Besseres zu tun hätten, und jagen im Nebel hinter Räubern her, die es gar nicht gibt... Hahaha! Es ist verrückt!... Wie aufgeregt ich war! Bestimmt können wir jetzt nicht einschlafen. Vielleicht mache ich uns besser eine heiße Milch mit Honig!"

„Eigentlich hätte ich lieber eine heiße Schokolade!" sagte Dickie, der sich jetzt wieder ganz mutig fühlte.

„Die kannst du dir aus dem Kopf schlagen. Du wirst auch

Milch mit Honig trinken. Das beruhigt!" erwiderte Mama Rosig mit strenger Stimme. „Wenn ich mich nicht irre, hast du das besonders nötig! Wer hat uns denn alle ganz aufgeregt geweckt, mein Freundchen?"

„Da hast du nicht ganz unrecht, liebe Rosemarie", unterbrach Herr Rosig seine Frau. „Aber wir sollten Dickie nicht dafür tadeln. Sagen wir lieber: Es war ein Schlag ins Wasser!... Hahaha! Ein Schlag ins Wasser!"

Er freute sich so über seinen lustigen Witz, daß er sich vor Lachen kaum halten konnte und sogar seine Frau und seinen Sohn damit ansteckte!

Eine Posaune
und eine Klarinette...

Frau Rosig hatte nicht ganz unrecht, als sie ihren Mann ermahnte – die Tür, die er in seiner Begeisterung so schwungvoll zugeschlagen hatte, weckte zwar nicht die ganze Nachbarschaft auf, aber immerhin Frau Munkel, die Katzengroßmutter.

Sicher, zwischen ihrem Haus und dem von Familie Rosig lag ein großer Garten und dazu noch eine dichte Taxushecke, doch in der tiefen Stille, die um vier Uhr morgens über dem Städtchen Möhrenfeld lag, hallte der Türknall wie ein Donnerschlag durch die Nacht.

Die freundliche alte Katze schreckte hinter den Vorhängen

ihres riesigen Bettes aus ihren Träumen hoch. Einen Moment lang hörte ihr Herz auf zu schlagen, um dann wie verrückt zu klopfen. Frau Munkel versuchte, sich zu fassen. Sie wußte nicht, wo sie war; sie wußte nicht, ob es Morgen oder Abend, Dienstag oder Sonntag war.

Allmählich kam sie zu sich. Sie versuchte sich zu erinnern, was geschehen war, und begann Selbstgespräche zu führen.

„Also, ich habe mich ziemlich spät schlafen gelegt, weil ich bis nach elf Frau Sauerklee Gesellschaft geleistet hatte ... Ich war so müde, daß ich sofort eingeschlafen bin ... Wie spät ist es eigentlich?" Sie warf einen Blick auf ihren Wecker. „Drei ... nein, vier Uhr! Aber warum, zum Teufel, bin ich so früh aufgewacht?" fragte sie sich. „Ach ja, ich glaube, ich habe einen starken Knall gehört! Was war das wohl? Ich sehe besser nach, ob alles in Ordnung ist."

Zum Glück war die Katzengroßmutter nicht furchtsam. Sie wollte der Sache unbedingt auf den Grund gehen. Also stieg sie schnell aus dem Bett, schlüpfte in ihre Schuhe, warf sich ein Tuch über die Schultern und ging schnurstracks zum Flurfenster, das auf die Straße hinausführte...

Als sie die Fensterläden aufstieß, durchrieselte sie ein Schauder. Sie lehnte sich hinaus und blinzelte ins Dunkel.

Keine Menschenseele war zu sehen... Kein verdächtiges Geräusch war zu hören, nicht einmal das kleinste Rascheln. Grabesstille! Und Nebel, ein so dichter Nebel, wie sie ihn noch nicht gesehen hatte.

„Bestimmt habe ich diesen Knall nur geträumt", murmelte Frau Munkel nun beruhigt und schloß das Fenster. „Um so besser." Mit diesen Worten ging sie ins Schlafzimmer zurück.

Um sofort wieder einzuschlafen, hatte die alte Katze ein Mittel, das nie versagte. Sie legte sich bequem auf den Rücken und begann leise zu singen:

*„Eine Posaune und eine Klarinette,
zwei Posaunen und zwei Klarinetten,
drei Posaunen und drei Klarinetten..."*

...und so weiter.

Das mußte ein Zauberspruch sein, denn Mina Munkel war wirklich innerhalb von zwei Minuten fest eingeschlafen.
Klingeling! klingeling! Ein durchdringendes Läuten schrillte plötzlich durch das friedliche Haus.
Klingeling! klingeling!

Die aufdringliche Glocke wollte einfach nicht schweigen, und Frau Munkel wurde erneut aus dem Schlaf gerissen.

„Telefon? Das Telefon klingelt!" stammelte sie etwas beunruhigt.

Schlaftrunken und mit noch halbgeschlossenen Augen stieg sie, so schnell es ging, die Treppe hinunter. Dort stand das Telefon.

„Wer ruft mich um diese Zeit wohl an? Hoffentlich ist es keine schlechte Nachricht...", brummelte sie unterwegs vor sich hin. „Meiner Tochter oder den Kindern wird wohl nichts passiert sein!" sorgte sie sich.

Mit zitternden Pfoten hob Frau Munkel den Hörer auf.

„Hallo, hallo!" rief eine ungeduldige Stimme. „Ist dort der Bahnhof von Möhrenfeld?"

„Nein, Herr, Sie haben sich verwählt", antwortete sie

ungeduldig. Eigentlich wußte sie nicht, ob sie sich freuen sollte, daß nichts passiert war, oder ob sie sich ärgern sollte, weil sie ganz umsonst aus dem Bett geholt worden war.

Sie brummte etwas in sich hinein und stieg die Treppe hinauf. In ihrem Zimmer legte sie sich sofort wieder erschöpft ins Bett.

„Eine Posaune und eine Klarinette . . .“

Glücklicherweise klappte es gleich: Der Kinderreim schläferte sie im Nu ein, und langsam glitt sie wieder hinüber ins Land der Träume . . .

Klingeling! klingeling! Wieder läutete es. Aufdringlich und nervtötend schallte es durchs Haus und drang in Frau Munkels Schlafzimmer.

Sie wälzte sich von einer Seite auf die andere, hin und her. Wie vom Schlag getroffen setzte sie sich plötzlich auf und wetterte: „Also, das gibt's doch nicht! Schon wieder das Telefon!“

Murrend wankte sie die Treppe hinunter.

„Hallo, hallo!“ rief eine Stimme mit übertriebener Freundlichkeit in ihr Ohr. „Ist dort der Bahnhof von Ährenfeld?“

„Nein, meine Dame, falsch verbunden!“ erwiderte die Katze mit eisiger Stimme. „Hier ist nicht Ährenfeld, sondern Möhrenfeld, und der Bahnhof ist hier schon gar nicht.“

„Komisch! . . . Na ja . . . Wissen Sie vielleicht trotzdem, um wieviel Uhr ein Zug nach Sonnenstadt fährt?“

„Ich bin doch nicht die Auskunft!“ rief die Katzengroßmutter erbost. „Aber wenn Sie unbedingt eine Auskunft wollen, die können Sie haben: Es ist Viertel nach vier, und ich habe wohl ein Recht, um diese Zeit zu schlafen! Gute Nacht!“

Wütend knallte sie den Hörer auf die Gabel.

Wieder in ihrem Zimmer angelangt, war sie so aufgeregt, daß sie neun Posaunen und ebenso viele Klarinetten zählen mußte, bis sie endlich sanft einschlummerte.

Schon bald träumte sie. Sie fuhr eine Lokomotive. Es war verblüffend einfach. Die mächtige Lok durchquerte eine

endlose Ebene. Ab und zu schaute sie verzückt den Dampfwölkchen nach, die in den strahlendblauen Himmel aufstiegen. Da bemerkte sie ganz weit am Horizont eine unbekannte Stadt. Nur langsam kam sie näher. Endlich war sie fast am Ziel... Da! Wie durch Zauber löste sich die Stadt in nichts auf, die Lokomotive löste sich in Luft auf, und die tüchtige Lokomotivführerin schreckte in ihrem Bett hoch... Wieder

160

wurde sie unsanft geweckt!

Ganz verschlafen setzte sie sich im Bett auf. Gelächter, laute Rufe und Gesang erfüllten ihr Schlafzimmer.

Woher kam dieser Lärm?

Erneut legte sie sich den Schal um, schlüpfte in ihre blauen Hausschuhe und begab sich seufzend auf ihren Aussichtsplatz

am Ende des Korridors. Vom dortigen Fenster konnte sie die ganze Straße übersehen.

Sie erspähte eine wilde Horde junger Leute, die soeben grölend das Gasthaus *Zu den drei Fasanen* verließen.

Besonders fiel ihr eine Gruppe ausgelassener Entenjungen auf, die lautstark lustige Trinklieder schmetterten.

„Ach, jetzt fällt es mir wieder ein!" murmelte sie vor sich

hin. „Der Koch hat mir doch gestern selbst erzählt, daß die Radler des Vereins *Pedalia* für eine Jubiläumsfeier ihres Sportclubs Tische vorbestellt haben." Es muß ein toller Abend gewesen sein, dachte sie bei sich, wenn man sich ihr fröhliches Geschnatter so anhört. Immerhin ist es ja schon spät... oder auch früh, wie man's nimmt!

Immer ausgelassener wurden die Scherze, immer lauter dröhnte das Gelächter.

„Glückliche Jugend!" sagte sie nachsichtig und schloß das Fenster.

Auf dem Weg zurück ins Bett blieb sie vor dem Spiegel

stehen, lächelte versonnen und dachte dabei an ihre eigene Jugendzeit.

„Ach, glückliche Jugend!... Aber ich muß jetzt wirklich schlafen. Was für eine Nacht! Spät ins Bett, dreimal hintereinander aufgeweckt... Nicht zu fassen. Also:

*Eine Posaune und eine Klarinette,
zwei Posaunen und zwei Klarinetten...*

Der eintönige Singsang, den ihre Großmutter ihr beigebracht hatte, zeigte erneut seine Wirkung. Nach wenigen Minuten schlummerte die alte Katze tief und fest. Und sie träumte!

Diesmal fuhr sie auf einem sonderbaren Fahrrad. Es war ein Hochrad wie aus alten Zeiten, mit einem riesigen Vorder-

rad und einem sehr kleinen Hinterrad. Es war nicht leicht, auf diesem seltsamen Gefährt das Gleichgewicht zu bewahren! Aber Mina Munkel lenkte es mit bewundernswerter Sicherheit. Sie fuhr erst im Kreis herum, dann in verwegenen Zickzacklinien und vollführte tausend Kunststückchen, von denen eines waghalsiger war als das andere. Eine richtige Meisterin war sie!

Aber, o Schreck! Auf einmal neigte sich ihr ungewöhnliches Fahrrad gefährlich nach einer Seite. Sie konnte es nicht mehr halten, sie konnte nicht bremsen... Hilfe! Gleich würde sie fallen, das war sicher. Gleich würde sie sich das Genick brechen, das war gewiß...

Plumps! Gerade in dem Moment, als sie hinfiel, wachte die Katze schlagartig auf. Halt und Hilfe suchend klammerte sie sich an ihr Kopfkissen und stellte erleichtert fest, daß sie in ihrem weichen und bequemen Bett lag. Sie hatte nur geträumt!

Aber warum war ihr schöner Traum so böse ausgegangen? Wodurch war sie in ihrem wohlverdienten Schlaf gestört worden?

Ja, kein Zweifel! Es läutete an der Tür. Dieses Klingeln, das im ganzen Haus zu hören war, kam ganz eindeutig von ihrer Türglocke!

Wer schellt denn wohl um diese Zeit an meiner Haustür? Es ist fast fünf Uhr morgens, bestimmt nicht die richtige Zeit, um Besuche zu machen, überlegte die Katzengroßmutter mit klopfendem Herzen. Hoffentlich ist es keine schlechte Nachricht...

Jetzt geschah etwas noch Schlimmeres: Jemand machte sich an ihrem Haustürschloß zu schaffen!

Ihr fuhr der Schreck in die Glieder, aber sie verlor nicht den Kopf. In aller Eile bezog Mina Munkel wieder ihren Beobachtungsposten am Ende des Korridors.

Währenddessen wurden die Geräusche unten an ihrer Haustür immer lauter und vernehmlicher.

Die Katze öffnete das Fenster, lehnte sich weit hinaus und spähte in die Nacht. Sie sah die undeutlichen Umrisse einer Person, die versuchte, ihre Haustür zu öffnen.

„Was zuviel ist, ist zuviel", flüsterte Frau Munkel aufgeregt. „Ich will sehen, wer das ist, und diesem Schuft den Marsch blasen!"

Sie holte eine Taschenlampe, richtete den vollen Lichtkegel auf den Unbekannten und erblickte – nun, Doktor Helferich!

Sie war völlig verdattert. „Der Herr Doktor ein Dieb?"

Die Katze wußte nicht, ob sie verwundert oder erleichtert sein sollte.

„Doktor Helferich!" rief sie etwas erzürnt zu ihm herunter. „Was tun Sie denn um diese Zeit an meiner Haustür?"

Der Doktor schaute hoch, entdeckte die Katzengroßmutter und griff sich an die Stirn.

„Ich zerstreuter Trottel! Ich habe mich in der Tür geirrt", erklärte er. „Stellen Sie sich vor, ich war fest überzeugt, das hier wäre mein Haus. Jetzt weiß ich auch, weshalb der Schlüssel einfach nicht passen wollte! Es tut mir sehr leid, daß ich Sie geweckt habe, werte Nachbarin", entschuldigte er sich . . . „Ein bißchen ist auch dieser Nebel daran schuld. Man sieht nicht einmal die Hand vor den Augen! Und außerdem bin ich ziemlich müde. Ich komme nämlich gerade von einem dringenden Hausbesuch zurück . . . Aber das ist natürlich alles

keine Entschuldigung dafür, daß ich Sie mitten in der Nacht aus dem Bett hole und Ihnen einen Schrecken einjage. Bitte verzeihen Sie vielmals! Ich hoffe sehr, sie können jetzt wieder einschlafen..."

„Da machen Sie sich bitte keine Sorgen, Doktor", erwiderte die Katzengroßmutter. „Dafür habe ich ein sicheres Mittel. Spätestens in fünf Minuten werde ich fest schlafen!"

„Ja dann, gute Nacht, Frau Nachbarin!"

„Auch Ihnen eine gute Nacht, Doktor Helferich! Oder vielmehr, guten Morgen! Es ist ja bereits fünf Uhr früh."

Die alte Katze ging zurück in ihr Schlafzimmer. Und auch Doktor Helferich war nach wenigen Schritten zu Hause angelangt, denn er wohnte ja im Nachbarhaus. War es da wirklich so verwunderlich, daß der tüchtige Doktor sich geirrt hatte?

Willkommen an Bord, Stups!

Erinnert ihr euch noch an das Ziegenkind Stups? Stups war der Vetter von Flori, dem Schäfchen. Er war auch der beste Freund von Sascha, dem Bärenkind; die beiden wohnten ja direkt nebeneinander. Und er war der liebste Spielgefährte von Blitz, dem flinken Eichhörnchen.

Blitz hatte Stups für zwei Tage zu sich nach Hause eingeladen.

Die beiden hatten den Abend gemeinsam bei Flori verbracht, der seinen Geburtstag feierte. Um zehn Uhr waren sie von der Eichhörnchenmutter abgeholt worden. In dem dich-

ten Nebel hatte es eine Weile gedauert, bis sie endlich das kleine Holzhäuschen erreichten, das etwas außerhalb des Städtchens an einem fröhlich rauschenden Bach lag.

Sie waren ziemlich bald ins Bett gegangen und auch schnell eingeschlafen...

Schaut doch! Da standen Blitz und Stups, beide im Schlafanzug, keck an der Reling eines stolzen Segelschiffes. Gebannt schauten sie auf das Ufer, das sich immer mehr entfernte. Ganz dort hinten sahen sie das Haus von Blitz, das schnell kleiner und kleiner wurde. Die Eichhörnchenmutter winkte zum Abschied mit einem großen Taschentuch.

Schon bald rief der Kapitän die beiden Freunde zu sich.

Das war ja lustig! Der Kapitän sah genauso aus wie der Schwimmlehrer von Möhrenfeld, der berühmte Meister Plansch... Aber war er es denn wirklich?

Er trug eine prächtige Uniform mit vielen Goldknöpfen und eine wunderschöne Mütze, auf der ein riesiger Blumenkohl thronte!

„Willkommen an Bord als Schiffsjungen!" begrüßte er sie mit feierlicher Stimme. „Mein Name ist Kapitän Wundersam. Jetzt geht in eure Kabinen, und zieht eure Uniformen an. Danach ist Antreten auf der Schiffsbrücke!"

Als ob sie schon immer auf diesem Segelschiff gelebt hätten, fanden Stups und Blitz sofort ihre Kabine. Es war ein kleines Zimmerchen mit zwei Hängematten, zwischen denen eine Kiste voller Matrosenanzüge stand.

Sie fanden bald die passenden Größen und zogen sich hastig um! Was für ein Spaß!

„Das ist ja wie im Fasching!" sagte Blitz.

„Ich habe immer davon geträumt, mich einmal als Matrose zu verkleiden!" erzählte Stups und seufzte ganz glücklich.

„Bei allem Gemüse im Garten, was mußte ich lang warten!" rief Kapitän Wundersam ungeduldig aus, als die beiden Freunde auf der Brücke erschienen. „Kommt schnell, ich stelle euch die Mannschaft vor."

Vor ihnen standen in Reih und Glied sieben Möwen, die alle die gleiche Uniform trugen! Auf ihren Mützen jedoch war anstelle der Quasten appetitliches Gemüse angebracht.

Da gab es eine Möhre, eine weiße Rübe, eine Zucchini, eine Tomate, Lauch, Fenchel und Radieschen.

„Wie in einem Gemüsegarten!" flüsterte Blitz und konnte nur mit Mühe ein Kichern unterdrücken.

Stups aber starrte die Kopfbedeckungen begeistert an. Er fand, daß sie sehr passend waren, und beglückwünschte den Kapitän. Der bedankte sich für das Lob und nannte Stups liebevoll sein „kleines Böhnchen".

Für die angehenden Schiffsjungen war nun der Augenblick gekommen, sich an die Arbeit zu machen. Die Brücke mußte mit Schmierseife eingerieben und anschließend mit riesigen Bürsten kräftig gescheuert werden. Dabei mußten alle, um sich gegenseitig anzufeuern, im Chor schreien: „Haut das Kraut!"

Dann mußten sie zu jeder Stunde, tagsüber und auch nachts, in den Ausguck ganz oben am Mast klettern und

immer wieder aus vollem Halse rufen: „Gurken und Lauchstengel, ist das ein tapf'rer Bengel!"

Blitz hatte sich sofort zurechtgefunden und erledigte seine Aufgaben mit erstaunlichem Geschick. Von Stups konnte man das nicht gerade sagen. Ihm unterlief ein Mißgeschick nach dem anderen, obwohl er sich doch so bemühte, alles richtig zu machen.

Als er das Deck schrubbte, rutschte er auf den eingeseiften Planken aus, stolperte über seine eigene Bürste und fiel der Länge nach hin.

Aber das war noch nicht alles! Jedesmal, wenn er in den Ausguck klettern mußte, wurde dem Ärmsten furchtbar schwindelig. Einmal erhob sich dabei zu allem Unglück auch noch ein tückischer Wind. Das ganze Schiff schwankte hin und her, die Segel flatterten, die Taue schlugen im Wind. Vor lauter Angst klapperte Stups so sehr mit den Zähnen, daß er kaum die Worte herausbrachte:

„Gurk . . . ken und L . . . L . . . Lauch . . . sten . . . stengel, . . . ist . . . d . . . das ein tapfff . . . ff . . . rer Ben . . . Beng . . . g . . . gel!"

Von dort oben konnte er genau sehen, wie das Meer tobte und die Wellen mit Wucht gegen das Boot klatschten. Angsterfüllt schloß Stups die Augen. Was hätte er anderes tun können? Er klammerte sich an den Mast, so fest er konnte, und ließ sich hin und her schaukeln wie ein Grashalm im Wind.

Schließlich glätteten sich die Wellen, und das Boot glitt wieder ruhig und mit schön geblähten Segeln durch das blaugrüne Meer. Die Schiffsjungen pfiffen fröhliche Melodien und sangen aus voller Kehle:

„Ach, wie gut ist doch Spinat,
wenn man grad' nichts Besseres hat!"

Kapitän Wundersam ging mit großen Schritten auf seiner Brücke hin und her. Auch er trällerte glücklich und zufrieden ein Liedchen: „O wie wohl ist mir nach Kohl!"

Plötzlich tauchte ganz hinten am Horizont eine geheimnisvolle Insel auf, die über und über mit Dattel- und Kokospalmen bewachsen war. Der Kapitän griff zu seinem Fernrohr, um sich das unbekannte Fleckchen Erde genau anzusehen. Dann fragte er seine Mannschaft: „Will jemand freiwillig diese Insel erforschen?"

„Ich!" schrie Blitz sofort und hob die Hand.

„Und ich!" meldete sich Stups.

Ein kleines Beiboot wurde ins Wasser gelassen. Blitz und Stups gingen an Bord.

Unter lautem „Hau-ruck! Hau-ruck!" ruderten die beiden Freunde kräftig drauflos.

„Glaubst du, daß jemand auf dieser Insel wohnt?" fragte Stups etwas ängstlich.

„Das werden wir gleich sehen!" antwortete ihm Blitz.

Mit jedem Ruderschlag kam die Küste näher. Es machte den beiden richtig Spaß, so schnell voranzukommen, das Platschen der Ruder im Wasser zu hören und den frischen Meereswind zu spüren.

Blitz und Stups ruderten mit ihrem Boot in eine kleine, windgeschützte Bucht. Dort sprangen sie ins Wasser und zogen ihr Gefährt auf den Sandstrand.

„Los, erkunden wir die Insel!" schlug Blitz voller Tatendrang vor.

„Auf geht's!" rief auch Stups beherzt, obwohl ihm insgeheim doch etwas mulmig zumute war.

Wen würden sie wohl auf dieser geheimnisvollen Insel antreffen? Diese Frage plagte den ängstlichen Stups am allermeisten.

Die beiden Abenteurer schlugen einen kleinen Pfad ein, der an einem Hügel entlangführte. Ringsum herrschte Stille.

Plötzlich vernahmen sie ganz in der Nähe das Plätschern einer Quelle. Sie verließen den sicheren Pfad und gingen dem lockenden Geräusch nach. Schon nach wenigen Schritten hatten sie die Quelle gefunden und löschten gierig ihren Durst.

„Schau, dort!"

Etwas erschreckt drehte Stups sich um. Was hatte Blitz denn wohl entdeckt? Seine Furcht verwandelte sich aber in freudige Überraschung, als er die Bäume erblickte, die über und über mit Lutschern und Bonbons behängt waren!

„Wie im Schlaraffenland!" Die beiden kleinen Entdecker stürzten sich auf die Leckereien und naschten, bis sie fast Bauchweh hatten.

Sie waren so mit ihren Süßigkeiten beschäftigt, daß sie gar nicht den stürmischen Wind bemerkten, der am Himmel dunkle, dicke, drohende Wolken zusammentrieb.

Nach und nach verschwand die Sonne hinter diesen Wol-

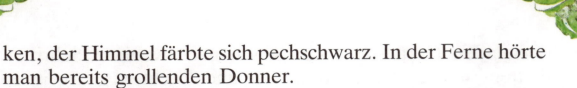

ken, der Himmel färbte sich pechschwarz. In der Ferne hörte man bereits grollenden Donner.

Und schon prasselte der Regen herunter. Eine wahre Sintflut ergoß sich über Blitz und Stups. Wo konnten sie sich nur unterstellen?

Sie brachen zwei große Blätter ab und benutzten sie als Regenschirme. Doch das half überhaupt nichts gegen diesen schrecklichen Wolkenbruch!

Gefährlich durchzuckten Blitze die schwarze Nacht. Donnergetöse erschütterte die ganze Insel. Schlammiges Wasser strömte sprudelnd und gurgelnd die Hügel hinunter.

Blitz und Stups waren völlig durchnäßt, sie zitterten vor Kälte. Da endlich entdeckten sie eine Höhle, deren Eingang vom Stamm einer umgestürzten Palme versperrt war.

Mit einem Satz sprangen sie über das Hindernis und flüchteten sich in die hinterste Ecke der Höhle. Langsam kamen sie wieder zu Atem, ihr Übermut kehrte zurück.

„Uff, da haben wir eine schöne Dusche abgekriegt! Die werde ich mein Leben lang nicht vergessen!" prustete Blitz los.

Allmählich verzog sich das Unwetter, der Himmel hellte sich auf, und die Sonne kam wieder hervor. Gleißend schien sie ins Innere der Höhle.

Da machten Blitz und Stups eine schreckliche Entdeckung: Das Hindernis am Höhleneingang, das sie ahnungslos als Baumstamm angesehen hatten, war in Wirklichkeit der endlos lange Schwanz eines schlafenden Drachen, eines häßlichen, riesenhaften, schnaufenden Tieres! Während des tosenden Gewitters hatten sie sein schweres Atmen nicht hören können.

Was sollten sie nun tun?

Blitz kratzte sich nachdenklich am Kinn; Stups klapperte ängstlich mit den Zähnen. Sie mußten unbedingt so schnell wie möglich die Höhle verlassen – und sie durften dabei auf keinen Fall das Ungeheuer aufwecken!

Hopp! Blitz nahm einen Anlauf und hüpfte über den Drachenschwanz, ohne ihn zu berühren.

Nun war Stups an der Reihe! Aber wie es das Schicksal so wollte, wachte das Untier genau in dem Augenblick auf, als er seinen Satz machen wollte. O weh! Der Drache hob den Kopf, rollte mit den Augen und erblickte Stups. Im Nu hatte das Ungeheuer seinen langen Schwanz um den Unglücklichen geschlungen.

Stups befand sich in einer schrecklichen Lage. Es war grauenhaft! Aus nächster Nähe sah er diese Augen, die wie glühende Kohlen leuchteten. Er sah den messerscharfen

Rückenkamm, der sich schaurig rasselnd aufstellte. Er sah die spitzen Krallen, die nur darauf warteten, ihn zu ergreifen, die spitzen Zähne, die nur darauf warteten, ihn zu verschlingen... Er spürte den feuerheißen Atem des Drachens auf seinem ganzen Körper und konnte in dessen gierig aufgerissenen Rachen blicken.

In diesem Augenblick begann Stups aus Leibeskräften zu schreien – und er erwachte. Er setzte sich in seinem Bett auf. Seine Laken und Decken waren ganz zerwühlt und hatten sich fest um ihn gewickelt – genau wie der Schwanz des Drachen!

Stups rieb sich die Augen. Er kam allmählich wieder zu sich und begriff, daß er nur geträumt hatte. Er schaute sich um und erkannte sein Zimmer nicht mehr, aber er schlief ja heute auch bei seinem Freund Blitz! Als er nun das Eichhörnchen friedlich schlummernd im anderen Bett erblickte, erinnerte sich Stups wieder an alles.

Er mußte seinen Freund unbedingt sofort aufwecken!

Sicher, es war noch früh, noch nicht einmal sechs Uhr morgens... Trotzdem!... Das Eichhörnchen wachte sofort auf, als Stups ihm die Bettdecke wegzog. Und dann erzählte ihm das Ziegenkind seinen Traum bis in alle Einzelheiten. Als Stups seine Geschichte beendet hatte, fing Blitz an zu lachen.

„Ich glaube, der Blumenkohlauflauf und die Gemüsepastete, die wir gestern abend bei deiner Tante gegessen haben, sind dir schwer im Magen gelegen! Und das Plätschern des Bächleins unter unserem Fenster hat dich von der Seereise träumen lassen. Schade, daß ich nicht denselben Traum hatte. Ich hätte wahrscheinlich einen Riesenspaß gehabt. Bestimmt mehr als du..."

Lachend und kichernd saßen die beiden in ihren Betten, und anstatt wieder einzuschlafen, erzählten sie weiter, bis es Zeit war aufzustehen.

Die Sonntagsbäckerei

Die Einwohner von Möhrenfeld schliefen sonntags immer lange. Viele blieben bis in den Vormittag hinein in den Federn, nur nicht das Bärenpaar Goldbrot, die Besitzer der preisgekrönten Bäckerei am Marktplatz.

Denn der Sonntag war ein großer Backtag!

Das Bäckerehepaar war schon seit über einer Stunde emsig in der Backstube tätig. Sie waren so beschäftigt, daß sie das wiederholte Klopfen am Hintereingang ihres Ladens beinahe überhört hätten.

Wer konnte das wohl sein? Überrascht ging Herr Goldbrot

zur Tür. Er öffnete, und da stand Kasimir Keimling, der Gärtner von Möhrenfeld. Als Nachbar des Bäckergehilfen war er gekommen, um eine Nachricht zu überbringen.

„Meinem Freund geht es heute morgen nicht gut, er kann leider nicht zur Arbeit kommen. Aber wenn es Ihnen recht ist", bot er dem Bäckerehepaar an, „helfe ich Ihnen an seiner Stelle."

Herr Goldbrot rieb sich ratlos das Kinn. Die Lage war ziemlich ernst, denn gerade sonntags hatten sie besonders viel Arbeit. Viele Kunden hatten Kuchen bestellt.

Er überlegte ein Weilchen und ließ dabei den Ofen nicht aus den Augen, in dem bereits die ersten Brote backten.

Schließlich schlug Frau Goldbrot ihm mit sanfter Stimme vor: „Herr Keimling und ich könnten dir wirklich in der Backstube helfen."

„Und wer paßt dann auf den Laden auf?" fragte Herr Goldbrot.

„Ich werde unsere Nachbarin, Frau Geiß, bitten, zu kassieren", erwiderte seine Frau. „Auf sie können wir uns verlassen, das weiß ich. Und ich wecke Sascha. Er ist schon groß und vernünftig genug. Er kann die Kunden bedienen."

„Na gut!" stimmte der Bäcker ihr zu.

Die Bärenmutter ging ins obere Stockwerk, um ihren Sohn

zu wecken. Sie rüttelte ihn behutsam wach und erklärte ihm, was los war.

„Mein lieber Sascha, wir brauchen deine Hilfe. Du mußt aufstehen. Bitte, beeile dich. Sei ein guter Junge!" redete sie liebevoll auf ihn ein.

Der Ärmste rieb sich die verschlafenen Augen und mußte immer wieder gähnen. Aber das war auch verständlich, denn er war spät ins Bett gekommen, weil er ja mit seinem Freund Flori Geburtstag gefeiert hatte.

Und die Nacht war kurz gewesen, so kurz, daß er fest glaubte, er wäre eben erst eingeschlafen.

Die Bärenmutter war schon wieder in die Backstube

zurückgekehrt. Sie legte sich ein dickes Tuch um die Schultern, um sich vor der Kälte und Feuchtigkeit zu schützen, und ging eilig hinüber zu ihrer Nachbarin. Sie durchquerte den dunklen Garten, ging durch das blaue Tor und klopfte dann an die Haustür von Frau Geiß. Es war ihr sehr unangenehm, die Nachbarin so früh am Morgen zu stören.

Poch! poch! poch...

Poch! poch! poch! Nach ein paar Minuten wurde sie ungeduldig, aber sie wartete weiter. Schließlich machte die Nachbarin, die noch ganz verschlafen war, im Morgenrock auf. Sie erfuhr von Frau Goldbrot, was vorgefallen war. Schlaftrunken versuchte sie, all das zu verstehen, und murmelte ab und zu mühsam: „Ja, ja…, gewiß… Ich komme gleich…"

Sie hatte nur verstanden, daß sie gebraucht wurde, und versprach, so bald wie möglich in die Bäckerei zu kommen.

Die Bärin bedankte sich tausendmal und lief in Windeseile in die Bäckerei zurück.

Vor dem Backofen herrschte ein geschäftiges Treiben. Herr Goldbrot hatte einen genauen Arbeitsplan: Zuerst war das Brot an der Reihe, dann folgten Brötchen, Hörnchen und Schnecken, und ganz zuletzt kamen die Kuchen und Gebäckstücke an die Reihe, die sonntags die Kaffeetafeln der Familien von Möhrenfeld zierten.

Der Bäcker knetete gerade mit seinen kräftigen, flinken Tatzen einen Teig. Geschickt mischte er die Hefe unter das Mehl, rührte, walkte, drückte, zog und rollte den Teig, knetete, rollte wieder, formte eine Kugel, die er wieder flach schlug… Er gab nicht nach, bis der Teig so war, wie er sein sollte.

Kasimir Keimling hatte einen weißen Kittel bekommen und war nun für den Backofen zuständig. Der fleißige Gärtner war mit Eifer bei der Sache. Seine neue Aufgabe machte ihm riesigen Spaß. Endlich einmal etwas anderes! Salat umpflanzen, Radieschen säen, Geranien umtopfen, Rosen beschneiden – das konnte er ja alles im Schlaf. Heute nun durfte er zur Abwechslung diesen ungeheuer großen Ofen heizen und aufpassen, daß die Temperatur auch stimmte! Wie aufregend!

Er stellte sich sehr geschickt an und war stolz wie ein Schuljunge, als der Bäcker ihn zufrieden lobte.

Auch Frau Goldbrot hatte alle Hände voll zu tun und

bereitete die Backformen vor, die gleich gebraucht wurden. Sie legte sie ordentlich nebeneinander und rieb sie mit Butter aus.

„Dadurch sparen wir etwas Zeit", murmelte sie zu sich selbst.

„Guten Morgen!" rief plötzlich ein munteres Stimmchen mitten in das emsige Treiben.

Verwundert schauten die Bäckersleute und der Gärtner von ihrer Arbeit auf. Und wen erblickten sie? Sascha, das Bärchen, wach, fertig angezogen und fröhlich.

„Du kommst wie gerufen", sagte der Bärenvater lachend. „Du kannst sofort die Brotwagen aus dem hinteren Raum holen. Die brauchen wir gleich, um die großen Brote wegzufahren."

So kutschierte das Bärenkind die Wagen in die Backstube und hatte großen Spaß dabei.

Eigentlich tut es mir gar nicht leid, daß ich so früh aufgestanden bin, überlegte Sascha und fuhr eine waghalsige Kurve mit dem Brotwagen... Am allerliebsten fegte er aber den langen Korridor hinunter, daß ihm dabei schwindlig wurde.

„Da bin ich", grüßte schon bald darauf die gutgelaunte Nachbarin, Frau Geiß.

Sie hatte sich hübsch herausgeputzt. Inzwischen war sie hellwach und bester Laune. Man konnte sich kaum vorstellen, daß sie soeben erst aus dem Bett geklingelt worden war –

so viel Schwung und Heiterkeit brachte sie in den Raum.

„Es ist sehr nett, daß Sie so schnell gekommen sind, liebe Nachbarin", sagte die Bärin voller Dankbarkeit. „Sie sind unsere Rettung!"

„Nun übertreiben Sie mal nicht! Was kann ich tun?" erwiderte Frau Geiß voller Tatendrang.

„Zuerst einmal gebe ich Ihnen das hier", antwortete Frau Goldbrot und reichte der Nachbarin eine blütenweiße, frisch gestärkte Schürze.

Damit war Frau Geiß die hübscheste und beste Kassiererin, die man sich vorstellen konnte.

Die freundliche Ziege half ihren beiden Nachbarn, so gut

sie konnte. Lächelnd reichte sie ihnen, was sie gerade für die Arbeit brauchten. Dann wog und zählte sie die knusprigen Brötchen und trug alles in ein Heft ein. Sie legte die noch warmen, köstlich duftenden Hörnchen und Schnecken auf einen Rost. Ganz vorsichtig mußte das geschehen, denn es durfte ja nichts zerbrechen! Es war eine Freude, der fleißigen Frau bei der Arbeit zuzusehen!

Frau Geiß nahm nun den Rost mit der kostbaren Fracht und machte sich auf den Weg in den Laden.

Sie kannte sich in dem Haus nicht sehr gut aus, und so geschah es, daß sie die Stufe, die vom Korridor in die Bäckerei führte, übersah. Sie stolperte und wäre beinahe der

Länge nach hingefallen. Erst im letzten Augenblick fand sie das Gleichgewicht wieder. Das war gerade noch mal gutgegangen! Aber, oje! All die kostbaren Hörnchen und Schnekken! Die ersten purzelten bereits vom Rost ...

Glücklicherweise kam in diesem Moment das Bärchen um die Ecke. Hopp! Flink fing es den Rost im Fluge auf und brachte ihn wieder ins Gleichgewicht.

Die Hörnchen waren gerade noch einem traurigen Schicksal entronnen. Das war eine tolle Leistung! Damit hätte der kleine Sascha im Zirkus als Akrobat auftreten können.

Nun wurde es Zeit, das Schaufenster herzurichten. Frau Geiß machte sich mit größter Sorgfalt ans Werk. Man hätte denken können, sie machte diese Arbeit jeden Tag, so viel Geschick und Einfallsreichtum hatte sie!

Da stand sie nun hoch oben auf dem Schemel, grübelte, machte einen Plan und setzte ihn dann in die Tat um. Die Hörnchen ordnete sie im Halbkreis an, aus den Schnecken baute sie Pyramiden, die Brötchen lagen ordentlich in Reih und Glied ... Was könnte man sonst noch tun?

„Ich habe einen Einfall", rief sie plötzlich laut aus, als ob ihr jemand zuhörte. Dabei war sie doch ganz allein im Laden. „Ich werde einen dicken, bunten Blumenstrauß mitten ins Schaufenster stellen! Das ist ein festlicher Schmuck ... Schließlich ist heute ja Sonntag!"

Sofort huschte sie hinaus in ihren Garten. Ohne wirklich etwas zu sehen – es war noch stockdunkel –, schnitt sie hier einige Dahlien ab, dort drei späte Rosen, dazu ein paar grüne Zweige.

Und sie hatte ganz recht: Ihr Blumenstrauß mitten im Schaufenster war wirklich eine Pracht!

Stolz bewunderte sie zum Schluß ihr Werk und trällerte dabei ein Liedchen.

Inzwischen war Frau Goldbrot in der Backstube damit beschäftigt, die ersten Obsttorten mit Sahne zu verzieren. Sonst übernahm der Bäckergehilfe diese schwierige Aufgabe. Aber die Bärin machte ihre Sache recht gut. Hier ein Spritzer mit der Sahnetüte, dort ein Spritzer – und schon prangten auf allen Torten die wunderbarsten Schnörkel, Blumen und Sterne. Richtige kleine Kunstwerke entstanden!

Nun nahm sich die Bärin die Plätzchen vor. Sie waren ganz dick und hatten in der Mitte ein sternförmiges Loch. Da hinein füllte Frau Goldbrot mit viel Geschick leckere Marmelade... Schon fertig!

Die Bärin eilte mit den Plätzchen in den Laden. Vor dem Schaufenster blieb sie verzückt stehen und lobte Frau Geiß überschwenglich. Dann erklärte sie ihrer Nachbarin, wie sie die Kasse bedienen mußte. Es wurde eine richtige kleine Unterrichtsstunde, aber Frau Geiß, eine gelehrige Schülerin, begriff im Nu.

„Es war wirklich sehr freundlich von Ihnen, daß Sie uns zu Hilfe gekommen sind", sagte die Bärin zum Schluß. „Wie kann ich Ihnen nur danken?"

„Das ist doch überhaupt nicht nötig. Die Arbeit macht mir riesigen Spaß", versicherte Frau Geiß. „Und heute war es sowieso nicht schwierig, weil mein Sohn Stups nicht zu Hause ist", erklärte sie weiter. „Er bleibt zwei Tage auf dem Land bei seinem Freund Blitz. Da ich mich nicht um ihn kümmern muß, kann ich nun die Kasse bedienen, solange ich gebraucht werde."

Alles war jetzt vorbereitet. Die Kunden konnten kommen. In der ganzen Bäckerei duftete es köstlich nach frischem Brot und knusprigen Hörnchen; dazu roch es überall nach Vanille, Karamel, Zimt und Kakao.

Die Zeiger der runden Ladenuhr standen auf sieben. Stolz zog Sascha den blauen Vorhang hoch, der in der Mitte mit einem Büschel goldener Ähren verziert war.

Die Nacht neigte sich ihrem Ende entgegen. Der Nebel hatte sich verzogen, die ersten Sonnenstrahlen wagten sich schüchtern hervor.

Ding-dong! Ding-dong! Hoch oben vom Glockenturm schallte das Morgenläuten durch das Städtchen...

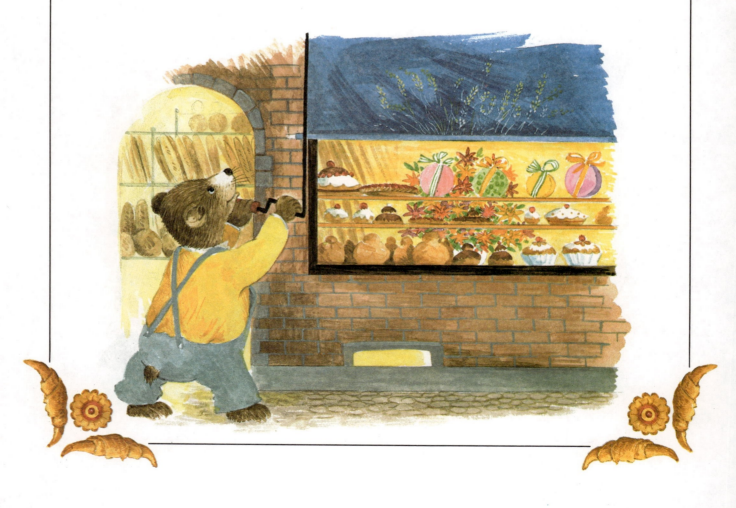